Noël 1987

V.

Lettres à Lucienne

OEUVRES

Alain Grandbois

Né à Québec, récit, Paris, Messein, 1933.
Poèmes, Hankéou (Chine), s.é., 1934.
Les Voyages de Marco Polo, récit, Montréal, Éditions Bernard Valiquette, 1941; Montréal, Fides, 1969.
Les Îles de la nuit, poésie, illustrations d'Alfred Pellan, Montréal, Éditions Parizeau, 1944.
Avant le chaos, nouvelles, Montréal, Éditions modernes, 1945; Montréal, HMH, 1964.
Rivages de l'homme, poésie, Québec, s.é., 1948.
L'Étoile pourpre, poésie, l'Hexagone, 1957.
Alain Grandbois, textes choisis et présentés par Jacques Brault, Montréal, Fides, 1958.
Poèmes: Les Îles de la nuit, Rivages de l'homme, L'Étoile pourpre, Montréal, l'Hexagone, 1963, 1979.
Alain Grandbois, textes choisis par Jacques Brault, Montréal et Paris, l'Hexagone, Seghers, 1968.
Poèmes choisis, Montréal, Fides, 1970.
Visages du monde, Images et Souvenirs de l'entre-deux guerres, Montréal, Hurtubise HMH, 1971.
René Pageau, *Rencontres avec Simone Routier* suivi des *Lettres d'Alain Grandbois*, Les Éditions de la Parabole, Joliette, 1978.
Délivrance du jour et autres inédits, avec dessins de l'auteur, Montréal, Éditions du Sentier, 1980.
Poèmes inédits, Montréal, Presses de l'Université de Montréal, 1985.

Lucienne

Marie Normand (pseudonyme), *Depuis longtemps déjà*, poèmes, Montréal, Éditions du Quadran, 1972 (maintenant partie du fonds de l'Hexagone).

Alain Grandbois

Lettres
à Lucienne

et deux poèmes inédits
avec
avant-propos, introduction
et notes
de Lucienne

l'Hexagone

Éditions de l'HEXAGONE
900, rue Ontario est
Montréal, Québec H2L 1P4
Téléphone: (514) 525-2811

Maquette de couverture: Jean Villemaire
Illustration de couverture: calligraphie originale d'Alain Grandbois puisée dans sa
correspondance

Photocomposition: Compositions technologies 1000 Inc.

Distribution: Québec Livres
4435, boulevard des Grandes-Prairies
Saint-Léonard, Québec H1R 3N4
Téléphone: (514) 327-6900, Zénith 1-800-361-3946

Réplique Diffusion
66, rue René-Boulanger, 75010 Paris, France
Téléphone: 42.06.71.35

Dépôt légal: quatrième trimestre 1987
Bibliothèque nationale du Québec
Bibliothèque nationale du Canada

NOTE DE L'ÉDITEUR

Les lettres d'Alain Grandbois sont publiées dans leur version originale. L'éditeur n'est intervenu que pour quelques corrections d'orthographe et de ponctuation. D'un commun accord avec Lucienne, l'éditeur n'a retenu que les initiales des noms mentionnés dans les lettres, afin de préserver l'anonymat.

Avant-propos

Ce n'est pas sans réticences que je me décide à faire paraître les lettres qu'Alain Grandbois m'avait jadis adressées et que je gardais secrètement «depuis longtemps déjà[1]». Si le destin n'avait mis sur mon chemin une romancière-poète[2] douée d'une exceptionnelle intuition, ces lettres n'auraient sans doute jamais été publiées. Au cours d'une conversation anodine, cette étonnante femme me demanda à brûle-pourpoint: «Vous qui avez vécu si longtemps à Paris, n'avez-vous pas des lettres du poète Alain Grandbois?» Prise au dépourvu — et pour la première fois sans défense —, je répondis affirmativement! Ainsi débuta une série de rencontres avec des gens de lettres intéressés à notre littérature qui, tout comme cette poète, me convainquirent de la valeur de cette correspondance pour les lettres canadiennes, et surtout canadiennes-françaises. Je confiai alors à la Bibliothèque nationale du Québec le fragile manuscrit, accompagné d'un long poème d'amour inédit et de quelques photographies prises à l'époque.

Jamais du vivant d'Alain il n'aurait pu être question d'exposer au grand jour des textes aussi intimes et de briser par là le cercle

---

1. Voir le recueil de poèmes de Marie Normand [pseudonyme de Lucienne], intitulé *Depuis longtemps déjà*, Montréal, Éditions du Quadran, 1972. (Maintenant partie du fonds de l'Hexagone.)

2. De tous ceux qui ont étudié et commenté l'oeuvre d'Alain, seule cette romancière devina la présence d'une femme bien vivante dans des poèmes parfois énigmatiques ou abstraits. Déjà, en 1958, elle écrivait: «L'amour est peut-être ici sublime, mais il n'est pas sublimé. La femme de l'homme aimé [...] n'est pas un symbole, un mythe. Elle est bien une femme, une certaine femme [...]. Qu'il l'évoque [et] les mots sonnent vrais. C'est d'un amour humain partagé [qu'il s'agit], un havre au milieu d'une vie cahoteuse, un oasis, un moyen, le seul possible en l'occurrence, d'atteindre l'infini. C'est de cet amour qu'il est question dans *L'Étoile pourpre*.» (*Le Petit Journal*, 12 janvier 1958, p. 60. Voir aussi Jacques Blais, *Présence d'Alain Grandbois*, Québec, Presses de l'Université Laval, 1974, p. 166.)

silencieux, mystérieux, dans lequel il s'enfermait. En 1972, j'eus le courage de lui téléphoner pour lui offrir une copie de ses lettres afin qu'il puisse retrancher ce qu'il ne lui plairait pas de voir publier. Il me répondit: «Je te connais trop bien pour ne pas savoir que tu n'aurais jamais livré notre secret de mon vivant. Après ma mort, tu feras ce que tu voudras, ces lettres t'appartiennent.» Et, peu de temps après notre conversation, il disait à un jeune écrivain à qui il avait accordé une entrevue: «Après ma mort paraîtront des lettres de moi. Elles lèveront le voile sur certaines ambiguïtés dans mes poèmes.»

Alain Grandbois mourut en 1975; même alors, je ne pouvais décemment donner cette correspondance à publier, malgré les conseils d'amis. La plus élémentaire délicatesse interdisait encore de la divulguer; l'édition se ferait plus tard. Ces lettres demeurent ici, hélas, sans leur contrepartie. Je présume que mes lettres à Alain furent détruites, à moins qu'elles ne se trouvent parmi la volumineuse correspondance personnelle laissée en vrac par Alain. Ces lettres prouveraient pourtant mon grand amour pour Alain et mes efforts obstinés pour le convaincre de conquérir sa liberté en vivant de sa plume, d'abord en publiant *Les Îles de la nuit*, dont tous les poèmes — sauf deux — furent achevés à Port-Cros en 1932. En effet, «Les Mains coupées...», un des plus beaux poèmes des *Îles*, fut écrit en ma compagnie à Paris, chez lui, rue Racine, où nous passions notre dernière nuit avant mon départ pour le Canada. Nous étions littéralement désespérés de ce dernier coup du sort, trois séparations insoutenables en trois mois! À un moment donné, il me demanda un crayon et une feuille de papier afin d'écrire, tout d'une traite, ce poème, qu'il m'offrit en cadeau. Cependant, je le refusai, en lui suggérant de l'ajouter à son recueil quand il le publierait. Et dans l'autre poème, «Le Feu gris...», écrit en 1933, le reproche d'avoir «allumé [ce feu gris] quand tu savais que ton souffle même en serait effrayé» s'adresse à moi.

On notera combien j'ai hésité à livrer ces lettres, même après la mort du poète. C'est que, à vrai dire, je ne cherche pas à tirer gloire d'avoir été aimée d'Alain.

Écrites à la mine (il détestait les stylos), les lettres d'Alain deviennent de plus en plus fragiles avec le temps et ne peuvent par conséquent être manipulées. J'en ai donc tiré des photocopies, que je conserve précieusement. Glissons ici un mot sur la disposition originale du texte. Alain se plaisait, dans ses lettres, à laisser de larges marges blanches sur la feuille, comme dans nos missels d'autrefois, où l'on rétrécissait l'espace accordé au corps du texte pour faire place à l'enluminure. Ainsi pouvait-il leur donner l'apparence artistique de la calligraphie ancienne, à laquelle il attachait grande importance. On sait qu'il avait souhaité s'adonner à l'art pictural, mais qu'il avait dû abandonner ce projet pour complaire à son père.

Pour rendre plus aisée la lecture de cette correspondance «à une voix», j'ai ajouté de nombreuses notes explicatives. Le lecteur pourra de cette façon mieux saisir le caractère des deux personnages et mieux suivre l'histoire mouvementée de leurs rapports.

Certains noms ont été biffés afin de ne pas causer préjudice à d'éventuels descendants, car Alain était parfois impertinent, injuste dans ses jugements sur autrui.

J'affirme ici n'avoir aucune prétention littéraire. J'écris comme je parle. J'écris comme j'écrivais à Alain, simplement.

Introduction

Mon portrait du poète

Alain Grandbois peut se définir en quelques mots: c'était un aristocrate, égaré dans notre époque démocratique.

S'il était né fils de prince ou s'il avait été protégé par un mécène, sa vie eût été bien différente. Les soucis matériels écartés, son talent, épanoui dans le calme et l'aisance, se serait manifesté plus tôt, vers 1930. Poète hanté, tourmenté, il possédait déjà alors des poèmes à publier et il aurait pu donner les prémices de son talent, qui ne se fit connaître que beaucoup plus tard. Car les poèmes des *Îles de la nuit* existaient en 1932, non seulement en puissance mais réunis, classés, corrigés. Et, durant nos veillées à Port-Cros, il prenait plaisir à me les lire avec fièvre, et moi à les écouter avec dévotion.

Racé, charmeur, d'une nonchalance distinguée, élégant sybarite, Alain avait du goût et aimait le faste. Superbe de fierté, ayant un sens esthétique à fleur de peau, il ne trouvait sa raison de vivre que dans la beauté formelle. Bohème et indolent de nature, il délaissait souvent sa muse. Il suffisait pourtant de la corolle d'une fleur, d'un vol de passereaux, des ailes frémissantes du colibri, d'une parole tendre, de souffrances intimes, pour soulever en lui une vague de tendresse ou les images incomparables et colorées de son génie. Ennemi avoué de la discipline imposée par la société, seule lui convenait la liberté totale, même au prix de certaines privations. Ne pouvant, ne sachant s'astreindre à un travail quotidien, il avait renoncé à sa carrière d'avocat. Son aversion prononcée pour la vie de «cloporte», son anticonformisme le poussaient à s'aventurer vers des mondes inconnus, dans l'espoir de découvertes «planétaires». Nomade de nature, explorateur curieux, pèlerin sans bagage, il aspirait au libre épanouissement de sa personnalité et cherchait cette unité de soi qui vient avec la conscience. Il se voulait maître de sa destinée; par contre, à l'heure des remises en question, il devenait taciturne, parfois courroucé pour un rien, nerveux et désarçonné par les changements d'horizons imposés. Sollicité, oppressé par le tragique de la poésie, il ne désespérait point de trouver un jour réponse à son inquiétude de penseur.

Ouvrons ici une parenthèse. À cette époque, on lui reprochait vivement son penchant — non dissimulé — pour l'alcool et son goût marqué pour le «tapis vert». L'un et l'autre s'expliquent, s'excusent. En ma présence, connaissant ma répulsion pour l'alcool (et surtout pour une haleine alourdie, qui me donne d'incoercibles nausées), il s'abstenait de whisky. Comment aurais-je pu embrasser Alain s'il n'avait pu surmonter sa dipsomanie? Certains ne voudront pas le croire; précisons cependant que, sitôt éloigné de moi, il rompait cette abstinence par trop difficile! Un besoin d'évasion (propre aux poètes hantés, tiraillés par leur imagination créatrice) portait Alain à chercher dans le nirvâna de l'ivresse passagère un palliatif à ses tourments d'écrivain. Quant aux jeux de hasard, seul lui importait de gagner (par ce discutable moyen) une relative aisance matérielle.

Notre rencontre

Parler de soi est souvent d'une insurmontable difficulté, on ne se voit jamais comme nous voient les autres. Le miroir ne nous renvoit qu'une image sans relief, même le grand miroir nous donne une fausse idée de notre apparence physique; et tout ce qui touche notre nature, notre caractère, devrait être abordé avec beaucoup de modestie. Une modestie que l'on ne trouve pas souvent dans les autobiographies ou les journaux intimes de nos contemporains, surtout ceux des femmes connues. On y décèle un besoin de s'embellir, une tendance à cacher la vérité. Aussi vais-je m'abstenir de parler de moi. Alain aima en moi ma culture, mon ardeur; ma candeur le surprit, ma franchise le conquit. La pureté de nos sentiments créa de rares affinités, sublima notre amour, et je me plaisais à croire que des liens indissolubles s'étaient tissés entre nous.

Nous nous connaissions depuis plusieurs années. Mal et peu. Lorsque nous nous trouvions dans les salons littéraires, soit chez madame Demange-Barrès (soeur de l'écrivain Maurice Barrès), soit chez ma mère, soit chez la comtesse Petite-Ville ou chez madame Simon, etc., d'un commun accord nous évitions de nous parler, et nous n'échangions que des banalités. Un ami (?) commun, compatriote sournois, nous avait trop calomniés l'un et l'autre. Une méfiance mutuelle nous séparait. De plus, nous étions des cibles toutes désignées à l'envie la plus cruelle. Lui, intelligent, séduisant, et moi, peut-être trop brillante. On médisait sans cesse de nous, nous étions victimes d'une convoitise dangereuse.

Et pourtant... par un capricieux détour du destin, lors d'une rencontre imprévue en terrain neutre, jaillit l'étincelle d'où s'éleva la flamme pourpre devant nous consumer tous deux. Surpris, ravis de nous découvrir si différents des mensonges colportés sur notre compte, nous nous reconnaissions enfin dans une similitude de goûts, d'idéal. Cette révélation soudaine, éclatante, vint transfigurer nos vies.

Cela se passait en 1932, au casino du Palm-Beach, où je n'étais pas allée durant les trois mois d'été passés à Cannes, et où Alain, arrivé du Canada le matin même, était venu tenter sa chance. Je fus placée à la table où il jouait... et perdait. Nous ne nous reconnûmes qu'au moment où je lui offris de jouer «avec moi», car je voyais qu'il en était réduit à ses derniers jetons. Vers minuit, ayant beaucoup gagné avec moi comme partenaire, il m'offrit le champagne en remerciement. Nous ne nous cachions pas notre étonnement devant la découverte de tout ce qui nous rapprochait. Alain, à l'humour souvent «ironique», en fit ainsi la remarque: «Votre ébahissement égale le mien, les chocs de ce genre se font rarement à sens unique, nous sommes si différents de ce que l'on dit de nous.»

Le trait d'union s'établissait, la magie commençait, le charme opérait. Nous nous parlions comme on chante, nous cédions à l'ensorcellement annonciateur de l'avenir, animés d'une même allégresse, impatients de la suite du roman en ébauche. Nous baignions dans une euphorie féérique. Mais à quoi tenait donc ce coup de foudre à retardement? Cela nous fit croire à une prédestination. Pour moi, je crus avoir trouvé enfin «l'amour absolu», ce rêve d'adolescence jamais réalisé jusqu'alors. Alain offrit de me raccompagner, en s'excusant de sa voiture d'occasion, achetée la veille à son retour du Canada. Petite Citroën à deux places, garée entre les Rolls et les Cadillac! Souriante, j'enjambai la portière de ce «bazou», dépourvu de marchepied! Mais ce soir-là, les fées embellissaient tout! La nuit magnifique incitait à la balade. Nous allâmes jusqu'au Lavandou. Il conduisait à très vive allure, à la cadence de nos coeurs. Le frisson de l'aube nous ramena à Cannes où, sans demande de sa part, sans coquetterie de la mienne, Alain le plus naturellement du monde me suivit dans ma chambre, où les tubéreuses exhalaient leur parfum troublant. Un irrésistible amour naissait et, devant lui, tout s'effaçait. À peine éclos, il éclatait avec une force explosive que rien ni personne ne pouvait endiguer et il nous transporta aux sphères illimitées de l'extase partagée. Je ne revis jamais les groupes avec lesquels j'avais passé l'été, et nous vécûmes dès lors l'un pour l'autre. Alain n'aimait pas les gens de cinéma.

Nous faisions des excursions dans la région, nous allions en Italie, à San Remo, et partout où nous conduisait notre fantaisie. Cela nous était possible grâce à nos gains au baccara... Nous dînions souvent à l'Auberge des Colombes d'Or, ainsi nommées parce que le crépuscule colore de vermeil doré ces oiseaux blancs.

Mais, pendant ce temps, je recevais sans cesse lettres, appels téléphoniques, dépêches de ma mère qui était très tourmentée par mon retard à rentrer. Aussi dussé-je me décider à partir, première séparation après trois semaines d'un bonheur parfait, inégalé.

Septembre – octobre 1932

Partie de Cannes le 22 septembre, je reçus en arrivant chez ma mère une dépêche d'Alain et, par la suite, les lettres ci-dessous, jusqu'au 21 ou 22 octobre, jour de mon arrivée à l'île enchantée!

À peine de retour chez ma mère à Paris, je n'eus qu'une idée, retourner au plus vite vers Alain, ma joie de vivre. Car nous avions convenu, lui et moi, de nous retrouver à l'île de Port-Cros, et de vivre de nouveau ensemble. Dans l'intervalle, je m'isolai totalement de tous mes amis, n'acceptant même pas les appels téléphoniques. Rien ne m'intéressait, sauf l'heure du courrier. Nous nous écrivions presque tous les jours. Ma mère, grande mondaine, recevait souvent, mais je n'assistais pas à ses thés ou dîners. Je ne songeais qu'à organiser mon départ. Il me fallait ruser, tromper la surveillance de l'entourage pour organiser ce voyage qui ne manquerait pas de créer de nouveaux orages, car je ne quittais jamais Paris au début de la grande saison d'automne. Je devais simuler, cacher ma décision de changer ma vie, prise depuis la fulgurante révélation de notre amour. Après avoir réglé les problèmes matériels (comptes, banque), je préparai en cachette du linge plus chaud, achetai mon billet pour le 22 octobre et annonçai mon départ! Je hais la mésentente, encore plus les scènes, pourtant je dus les subir, ce jour-là.

À ma descente du train, à Toulon, Alain n'était pas à la gare. J'en fus surprise mais non inquiète, car en France je me sentais partout à l'aise, et j'allai au buffet prendre un café; à peine assise, toutefois, j'aperçus Alain dans l'encadrement de la porte. Nous étions enfin réunis! Alain m'explique que la grosse mer a retardé la vedette. Quand nous arrivons aux Salins d'Hyères, le capitaine nous rassure, on peut partir: la mer s'est calmée, un soleil tiède revient. Elle est immense, cette mer interne, sans marées. L'horizon semble illimité, le ciel se confond avec l'eau, sans démarcation. Tout à coup, Alain m'indique au loin un point noir qui s'étend peu à peu. On dirait une «cathédrale désengloutie», sans la musique de Debussy... La voilà donc, *son île*! Voilà Port-Cros, son véritable refuge en France. Ma première impression? Celle de l'émerveillement! Quand on débarque dans la petite rade à gauche de la falaise, l'île révèle sa majesté, sa grâce, son mystère. On découvre le vieux château, le fort de la Vigie couvert de fleurs sauvages, on reçoit le choc d'une nature inviolée, unique. J'aimerais écrire longuement sur ce paradis terrestre, mais là n'est pas mon propos. Alain la décrit mieux que je ne saurais le faire dans ses *Visages du monde*, poétiquement et avec fantaisie. En effet, pour ma part, durant mon séjour dans l'île, *jamais* je n'ai vu le «paon blanc suivant la dame»!

Cependant, Alain devait travailler. Une lettre de son éditeur lui réclamait la suite du manuscrit de *Né à Québec*. Comme il n'aimait pas écrire le matin, je décidai de le laisser seul tous les après-midis; et je le quittais quotidiennement, après un déjeuner dans le jardin de l'hôtel, sous le treillis de glycines pâles. «Mets ta robe blanche ou ton pull-over pékiné, me disait-il, afin que je puisse te repérer pendant les pauses de détente.» Il travaillait mal et souvent déchirait le soir ses écrits du jour. Cela me peinait de voir tous ces papiers froissés dans la corbeille.

Pendant ce temps, j'allais me promener au hasard, soit sur le rocher à tête de proue qui s'avance et tombe dans la mer, soit vers le terre-plein couvert d'hypne brune, où je me reposais et lisais. Vers cinq heures, je revenais par les sentiers bordés de giroflées, d'eucalyptus, de tamaris. J'allais aussi dans la forêt nourrir deux petits singes esseulés que le passeur avait rapportés d'Afrique et encagés ici. Alain les nommait Pépin et Olive. Nous prenions le thé à l'anglaise sur le balcon. La vie était trop belle! Jamais de brouille, jamais de discussion, aucune ruse entre nous, mais cette franchise rare où chacun met à jour ses plus secrètes pensées et se livre sans réserve. Une confiance illimitée nous unissait l'un à l'autre aussi solidement que le bateau est amarré au quai.

Novembre – décembre 1932

À Port-Cros, nous vivions en pachas, que nous n'étions pas, cependant, malgré mes gains au casino. Puis vint le 4 novembre, mon anniversaire. Alain voulut le célébrer en grande pompe! Lui en smoking, moi en robe de dentelle noire. Des soirs un peu fous, bizarres aux yeux de ceux qui prisent la sécurité et blâment la haute fantaisie. Dans l'immense salle à manger, seuls les pas feutrés de la serveuse, apportant mets fins, caviar et champagne, brisaient le silence. Deux êtres vivaient une grande passion, dans une adoration réciproque. Ils suspendaient le temps, espérant rendre durable ce qui — sur terre — n'est qu'éphémère... s'il faut en croire les écrivains!

Une nouvelle lettre de l'éditeur exigeait une réponse sur les textes en retard. Je compris alors que pour lui l'isolement total s'imposait, et je décidai d'écourter mon séjour. Ne voulant pas lui donner mes raisons afin de ne pas le blesser, je me prétendis malade. Il ne comprit pas le sacrifice que je m'imposais et sembla très déçu de cette décision subite et un peu suspecte. Malgré son aversion prononcée pour les adieux dans les gares et aéroports, Alain insista pour m'accompagner à Toulon, car «ce sera moins pénible pour moi de te voir monter en train que d'assister à ton départ par la petite vedette, toute fin seule», me dit-il. Durant ces deux jours à Toulon, nous échappâmes à un grand danger, nous fûmes à un cheveu d'être agressés dans le «quartier réservé». Alain voulait me montrer l'envers de la société. Il me trouvait souvent trop naïve et peu avertie des réalités de l'existence. Après que nous ayons eu évité le pire, Alain voulut célébrer notre chance et il m'offrit une broche, «un cœur de nacre», que je fis monter sur argent en pendentif.

Puis, ce fut la deuxième séparation, le deuxième choc, le deuxième déchirement, qui nous traumatisa encore tous les deux. Combien cruels étaient ces éloignements, après avoir connu cette remarquable sérénité, cette tendresse sans limite! Et la correspondance se rétablit, seul lien entre nous. Hélas, le doute faussait souvent son jugement et le rendait injuste, soupçonneux. La murène de la jalousie causait déjà de cruelles morsures, empoisonnait sa foi. Pour lui j'avais rompu avec le passé, mais à distance il ne pouvait s'en assurer et il demeurait méfiant. Il retourna à l'île et au manuscrit de *Né à Québec*.

Nous reprîmes notre correspondance et c'est le 22 novembre qu'il m'envoya le très beau poème d'amour, inédit jusqu'ici, qui apparaît ci-dessous. L'éloignement devenait insoutenable, alors Alain, cédant à notre désir mutuel de nous revoir, arriva à Paris la veille du Nouvel An. Je le rejoignis aussitôt rue Racine et nous commençâmes ensemble cette année néfaste que le sort nous réservait.

Janvier – septembre 1933

Les jours vécus à Paris furent marqués d'angoisse, de désolation, je devais retourner au Canada, auprès de mon père très malade. Et ce fut alors une troisième séparation. En quatre mois à peine, c'en était trop, et cette brisure nous blessa profondément l'un et l'autre.

Séparés par l'océan, tous deux occupés — lui par son livre à réviser et les épreuves à corriger, moi par les soins constants à donner — , nos lettres s'espacèrent. Affaiblis moralement et victimes du dégrisement de l'absence, cette absence qui creuse immanquablement un abîme entre ceux qui s'aiment, nos lettres se firent plus rares, tout en demeurant tendres et inquiètes. Sitôt son livre édité, il m'en envoya un exemplaire avec une dédicace peu compromettante: «À Lucienne... avec mes meilleurs souvenirs, Alain».

À l'été, Alain décida de venir comme tous les ans voir sa famille au Canada. Je ne voulais pas le recevoir, appréhendant une rencontre sur un terrain peu favorable; car j'habitais en effet chez mon père et ne pouvais le recevoir comme je l'aurais voulu. Mais il insista et vint par trois fois me rejoindre brièvement à Montréal. Notre amour, encore bien vivant, s'accommoda mal de ces retrouvailles furtives dans un décor anonyme. Où se trouvaient la liberté, le climat enchanteur de Cannes? Où était le parfum d'aube du chèvrefeuille qui grimpait sous nos fenêtres à Port-Cros? Et l'intimité inviolée de la rue Racine? Et le charme d'une France si favorable à l'amour? Ce pays magique, où tous deux nous avions de si profondes racines! Je tentai vainement de le retenir au Canada, où j'espérais qu'il pourrait commencer à vivre de sa plume et se libérer matériellement. Mais Alain avait depuis longtemps décidé d'aller faire un long voyage en Chine, et rien ne pouvait l'en dissuader.

Après

Après le dernier message du dernier courrier de Pointe-au-Père, je passai un mois d'octobre assez serein. D'après l'itinéraire détaillé qu'Alain m'avait remis, son départ de Marseille devait s'effectuer au début de l'automne; je le croyais donc en route pour la Chine.

Consciente de l'importance qu'il attachait à ce voyage en Chine — arrêté bien avant notre rencontre — , je m'étais résignée à son départ; non sans appréhension, malgré son assurance répétée de me revenir au bout d'un an ou deux tout au plus... Hélas! Au lieu des retrouvailles espérées, ce fut un silence impardonnable et quelque peu lâche pour moi, avec le goût âcre de la trahison et un désespoir tragique. Pourtant, je ne sus pas lui garder rancune et ne cessai jamais de l'aimer, même si, pour des raisons jamais expliquées, il refusa cet ardent amour que nous partagions depuis le 4 septembre 1932, depuis cette rencontre fortuite, sous le ciel de Cannes.

Pourtant, lorsque le 4 novembre — jour de mon anniversaire — arriva sans un mot de lui, je fus prise d'un tourment funeste et commençai à m'inquiéter sérieusement: même en mer, il lui était possible de communiquer avec moi, ne fût-ce qu'au moment des escales. Prise alors d'une peur panique, je décidai de retourner à Paris chez ma mère. Depuis la guérison de mon père, rien ne s'y opposait. Et puis, dans ma naïveté, je croyais, j'espérais qu'une lettre de lui m'attendait à la poste. Gare Saint-Lazare, personne ne vint à ma rencontre, aucune missive ne m'attendait. Retour angoissant sous le soleil gris et lourd de novembre.

Alors commença mon calvaire. Triste et malade, ne pouvant ni manger, ni dormir, je perdis quelque vingt-cinq livres en dix jours. Dans un tel état, on ne souffre plus, et la mort peut venir lentement, sans bruit. Là était sans doute mon but inavoué! Mais ma mère s'affola et manda un jeune médecin du quartier qui nous assura de sa discrétion. Ce dernier devait, ensuite, me faire dormir pendant trois semaines. Je ne me souviens que d'images très vagues: ma mère, la garde-malade, ma bonne Maria me nourrissant, me baignant, tout cela à travers le voile gris d'un rêve éveillé. Noël 1933 passa inaperçu, sans souffrances, sans réjouissances.

Puis vint le réveil, amené insensiblement. Tout était à recommencer. Avec la lucidité revenait aussi la douleur. Et, tout ce temps, Alain était encore à Paris. Et je ne le savais même pas! De toute façon il ne me serait jamais venu à l'idée d'aller m'enquérir rue

Racine, où la concierge me connaissait bien, ou, moins encore, de ramper vers qui semblait m'avoir reniée, par ce déshonorant silence. Remontée de l'abîme, la santé presque retrouvée, je devais réapprendre à vivre. J'ai réussi à me fabriquer une armure de défense morale. Véritable protection dans laquelle je me réfugiais lorsque le nom d'Alain était prononcé. Munie de cette cuirasse, je ne risquais donc jamais de me trouver au dépourvu ou de livrer mon secret. Je pus donc me remettre à vivre sans crainte qu'une oreille indiscrète ou qu'un oeil sacrilège ne vienne déranger mes souvenirs.

Par une chance vraiment dérisoire, diabolique, je gagnai en 1938 un dixième du gros lot de la Loterie Nationale! Cette bonne fortune arrivant cinq ans plus tôt, notre avenir eût pu être bien différent...

La guerre de 1939 nous bouta tous deux hors de France où nous étions enracinés. Mais cette fois le sort ne joua plus en notre faveur. Alain partit le premier, de Bordeaux, et moi, par le dernier paquebot de Bayonne. Une fois rentrés, nos routes ne se croisèrent plus. Préoccupée par la santé de ma mère, je ne sortais guère et ne fréquentais pas les lieux dont Alain était l'habitué. On m'assure pourtant m'avoir trouvée dans des réunions où Alain était présent. Je ne m'en souviens absolument pas. Sans doute un réflexe automatique a-t-il joué. Dans la *Revue Moderne*, où j'étais rédactrice, ainsi que dans la revue *Jovette*, fondée par moi, j'ai fait passer la photo d'Alain en janvier 1943, sans la moindre réticence. En 1944, il m'adressa lui-même un exemplaire des *Îles de la nuit*, avec une dédicace comparant ces *Îles* mélancoliques à l'île ensoleillée d'autrefois!

À l'automne de la même année, je me trouve seule chez moi lorsque j'entends sonner le timbre de l'entrée. J'ouvre alors et j'aperçois Alain — accompagné de notre «ennemi intime». Surprise, ébahie, je laisse entrer Alain, mais referme la porte sur le fourbe. Cette visite, après onze années, me causa un choc tellement violent que j'en perdis l'usage de la voix. Intimidé par cet accueil peu bienveillant, Alain me dit doucement:

«Je suis venu te faire part de mon admiration pour le beau travail que tu fais.

— ...

— Je savais que tu pourrais gagner ta vie honorablement [*sic*].

— ...

— Tu n'as guère changé, tu es toujours aussi séduisante.

— ...

— Mais j'apprends que tu songes à fe remarier et je suis venu te dire de ne pas faire cette erreur. «Il» ne saura jamais t'apprécier ni te comprendre. Réfléchis avant de tomber dans un tel piège.»

«Et toi? Toi, m'as-tu comprise?» aurais-je voulu lui dire à mon tour. Mais aucun son ne pouvait sortir de ma gorge paralysée par l'émoi!

«Tu ne veux pas me parler? continua-t-il. Tu m'en veux donc encore?

— ...»

Et il me demanda alors:

«Et nous, Lucienne? Nous? Que fais-tu de nous?»

Ah! comme j'aurais voulu pouvoir sortir de ce mutisme suffocant et lui rappeler sa rupture aberrante, silencieuse, si peu digne d'un homme jusque-là si délicat et empressé. Comment expliquer, comprendre le but de cette visite? Je demeurais figée, terrifiée, et toujours muette. Alors, il partit sans que je puisse le reconduire sur le palier, où l'attendait le faux ami.

Les années passèrent sans que je tente de le revoir, mais vers 1970, quand mon secret eut été en partie dévoilé, j'eus le courage de lui téléphoner, empruntant le nom de «madame Pigeon de Port-Cros». Alors, tout surpris, il laisse échapper un cri: «C'est toi, Lucienne?» Je lui donne la raison de cet appel insolite, je lui propose de relire une copie de ses lettres, afin d'en retrancher ce qu'il voudrait. Il se dit très malade et me demande de le rappeler la semaine suivante.

Mais je ne pus le rejoindre par la suite, et nous ne nous sommes jamais revus.

Mémoire d'amour

Pourquoi deux êtres d'exception, aux mains lumineuses, ne voyaient-ils pas l'inestimable trésor au creux de leurs paumes? Cet amour transcendant, pur, romantique, ce très grand amour, ce trésor unique, pourquoi le laissèrent-ils échapper? La routine les amoindrissait, peu enclins qu'ils étaient à vivre à l'ombre des vertus obligatoires, à se soumettre aux préjugés de l'époque. Peut-être aussi ne possédions-nous pas l'ascèse nécessaire à l'épanouissement de nos sentiments?

Alain et moi avons atteint les hautes cimes d'une ferveur réciproque. Inévitablement, ces envolées au-dessus des limites permises aux humains provoquent des tragédies. Il est interdit aux hommes de vivre à l'égal des dieux. On se remet mal de si profondes blessures, et l'amour n'est jamais transférable. Seule une illusion entretenue par des ruses envers soi-même peut parfois apporter une passagère rémission. Comment vivre dans un monde d'où l'autre est absent? Qui donc accepte légèrement une telle faillite? Et comment conjurer le mauvais sort qui s'acharne sur les amants heureux? Quatre séparations en une année minèrent nos forces de résistance, abolirent l'énergie indispensable à la lutte, si inégale dans notre cas.

De ces amants exceptionnels, feux d'hier, cendres d'aujourd'hui, il reste ici un rappel vibrant de cet amour de légende.

Sans rancoeur, je me penche encore souvent sur ces années révolues et je revis des heures heureuses. La mémoire, parfois charitable, efface les souvenirs cruels et laisse place aux plus douces réminiscences.

Je ne regrette rien. Avec Alain, j'ai touché du doigt le bleu givré de l'azur.

Cannes,
septembre 1932

Carlton Hotel, Cannes

10 septembre [19]32

Je vous attends au bar—[1]
et je vous manque
et je joue à imaginer que tu ne viendras
pas, pour souffrir[2] un peu
et pour la joie que ta présence m'apportera.

---

1. Au retour d'une longue balade à Grasse, parmi les fleurs, les parfums innombrables, je me reposais avant de retrouver Alain, lorsqu'un petit groom sonna à ma porte et me remit ce mot accompagné de quatre branches de tubéreuses. J'habitais le Carlton depuis la mi-juin et, depuis le 4 septembre, Alain vivait avec moi. Il avait cependant conservé une modeste chambre à l'intérieur de la ville, où il gardait ses vêtements et ses papiers. Après nos randonnées journalières dans la belle Provence et jusqu'en Italie, Alain retournait à sa pension pour y prendre son courrier, puis il venait me retrouver au bar extérieur de mon hôtel. Nous ne sommes jamais retournés au casino du Palm-Beach, où pourtant le destin nous avait réunis! Je suis superstitieuse et me contente de gros gains. Alain savait que je devais retourner chez ma mère à Paris. Malgré ses appels très inquiets, je retardai mon départ du 6 au 22 septembre et demeurai avec Alain. Ce furent dix-huit jours de bonheur parfait.
2. Alain cherchait-il déjà prétexte à souffrir? Et cela, en pleine félicité, en pleine confiance...

Dimanche
11 sept. 1932

Lucienne B.

Je t'aime   je t'aime
je t'aime

Alain Grandbois[1]

---

1. Une nuit, au Waikiki, où nous allions écouter chanter notre mélodie préférée, *Thank you for the Flowers*, Alain demanda tout à coup un crayon, déchira un carton publicitaire et m'écrivit ces mots qu'il m'offrit avec tendresse; cette carte demeura longtemps égarée et fut retrouvée par hasard.

Sitôt qu'elle nous voyait entrer au Waikiki, la chanteuse noire entamait notre leitmotiv, et un soir elle nous en offrit les paroles, copiées sur une partition, que voici:

THANK YOU FOR THE FLOWERS
Thank you for the flowers / my favorite roses too /
The moment I saw them / I knew they came from you /
Thank you for this evening / for all those happy hours /
that we spent together / thank you for the flowers /
Roses of this evening are / sure to fade away /
But your memory will linger / on when the roses
of yesterday are gone /
Thank you for the kisses / and that last dance of ours /
I'm really very grateful / so thank you for the flowers /

Au marché de Nice où nous allions souvent, Alain aimait m'offrir des fleurs. Il y avait un si grand choix sur la Côte! J'aimais les roses blanches, mais je préférais les tubéreuses, à cause de leurs légères grappes blanches au parfum si pénétrant. Ma chambre en était toujours remplie.

[Télégramme expédié de Cannes,
le 22 septembre 1932]

SUIS AVEC TOI[1] PLUS PROFONDES
TENDRESSES
ALAIN

---

1. J'avais dû, hélas, quitter Cannes pour rentrer à Paris.

Mercredi-jeudi, 4 h 30. Nuit.
[22 septembre 1932]

Lucienne,

Je me réfugie en toi, cette nuit, comme dans le coin le plus doux, le plus secret, le plus obscur du monde. Je n'ai jamais été plus seul, plus nu. Jamais plus près de cette mortelle limite qui sépare la lumière de l'ombre. Je n'ai pas de larmes. J'écris avec des yeux secs. Mais je veux cette dernière illusion, ce dernier mirage: ton amour.

Lis lentement. Comme je t'écris. Avec, entre chaque syllabe, des repos misérables. Le désespoir ne coule pas à pic, surnage. Des minutes. Laisse-moi ces minutes. Ne souris pas. Pleure si tu peux. Il me faut que, liés, nos doigts s'accrochent aux dernières épaves[1].

Écoute-moi. Je ferme mes yeux. Je ne veux pas encore voir. Je ne suis pas encore résigné. Je sais que tu vas venir. Je sais que tu viens. (Lis doucement, lentement, avec ton cœur. Ne ris pas.) J'entends venir tes pas près de la porte. Je feindrai de dormir. Et tu me prendras dans tes bras. Et rien ne sera changé. Tout recommencera. J'entends ton pas.

Tu sais bien que je l'entendrai toute la nuit.

J'ai défendu que l'on fasse la chambre. Elle est restée telle que tu l'as quittée. Le lit t'attend. Ton odeur flotte encore dans les plis du drap. Je t'attends. Je ne veux pas croire que tu ne viendras pas.

Je veux imaginer que tu viendras. Je souffrirai encore un peu plus. Chaque jour, j'ai souffert davantage. Chacune de tes présences a ajouté à ma détresse. Je croyais que cette détresse était déjà trop lourde. Je ne savais rien. Rien n'est jamais assez lourd. Les morts seuls doivent connaître l'aveugle, le noir écrasement. Celui qui étouffe à jamais.

Il est presque cinq heures. J'ai lu ton télégramme en rentrant. Ton nom m'est encore si étranger. Lucienne! Ton nom me rejette au bout du monde. Et parce que je t'aime, vingt ans de ta vie nous séparent. Le sens-tu assez, que je t'aime!

Chaque heure que tu m'as donnée m'a enfoncé davantage dans mon amour, et dans ma solitude. Toutes ces raisons que, chaque jour, j'ai trouvées pour t'aimer mieux, toutes m'ont torturé un peu plus! Tu es trop vivante[2]. Tu portes toute ta vie devant toi, aux coins de tes lèvres, au creux chaud de tes hanches. J'ai si souvent eu envie de te crier que tu me volais ton sourire[3], que tu me volais ta chaleur. Depuis vingt ans. Depuis toujours. Et je fermais les yeux, et je labourais ta chair, et tu gémissais doucement. Peut-être pour me faire plaisir. Comme nous sommes pauvres, et nus.

Tu es près de moi. Il fait presque jour. J'entends le coq. Et le même moustique mord mon poignet[4]. Il n'y a que le lit, plus large, derrière moi. Des cloches sonnent. Je commence à ne plus t'attendre. Il faut bien que tout finisse. Je n'ai pas encore souffert. Dans un moment, je me coucherai sur le ventre. Sans bouger. Nu. Comme si j'allais mourir. Pour des heures et des heures. Sans pleurer. Et ma douleur montera du plus profond, du plus sombre de mon être. Il faut payer.

Je veux, avant cette fièvre, te raconter ce que j'ai fait après ton départ. J'ai d'abord porté ta lettre au Martinez. Je suis revenu à l'hôtel. À huit heures, au baccara[5]. J'ai gagné 8 000 francs. Avec des ruses de vendeur de cravates au rabais. (Je préfère être plongeur.) Puis je suis allé dîner à Juan[6]. Je savais que si je revenais chez moi, je n'aurais pas le courage d'en sortir avant trois jours. Après dîner, je me suis rendu au baccara de Juan. Il n'y avait qu'une table, où des femmes vaguement seules et visiblement grues se disputaient des billets de dix francs. J'ai pris, par hasard, le plus gros banco de la soirée, qui s'élevait à quelque 300 francs. Je l'ai naturellement gagné. Ce fut un tollé général. Alors j'ai repris la route du Palm-Beach[7]. Et puis...

Tu sais déjà le reste. Je suis allé rejouer au bac. Comme j'avais 10 000 [francs], j'ai négligé les ruses du commis aux cravates. J'ai tout reperdu en cinq minutes. Les deux coudes sur la barre de cuivre, vêtue de bleu pâle, Laure J. me souriait. Je devais faire très millionnaire. J'ai obliqué vers le bar. J'ai bu deux whiskies[8]. Et c'est alors que ton amie Moura[9] est venue. Elle était accompagnée de la petite Goya et de M. Pière Colombier. Quand je lui ai appris ton départ, elle m'a fait le coup de la surprise. Très mal, d'ailleurs. Car elle ne possède même pas l'honnête talent de la petite bourgeoise de Marne-en-Loire lorsque, le matin où saisi d'une folle terreur à la pensée qu'il a oublié deux francs soixante-quinze centimes dans les poches de son veston d'intérieur, son cher mari revient brusquement à la maison pour la trouver dans les bras du garçon laitier. Et elle m'a invité à aller boire du champagne au Waikiki. Elle m'a dit aussi qu'elle demeurait encore une dizaine de jours à Cannes, que les soirées lui paraissaient longues, et que je pouvais lui téléphoner entre sept et neuf heures. Où as-tu jamais trouvé que les femmes étaient compliquées?

Mon amour, mon amour, j'ai donné des ordres pour que cette lettre parte ce matin, par avion. Quand tu la recevras, je serai encore couché sur le ventre, la face contre le mur. Pour nous survivre.

Je ne saurai s'il fait jour ou nuit. Je souffrirai. Je paierai. Puis je commencerai de sentir que tu t'éloignes peu à peu de moi. Que tout est néant. Que ce fleuve[10] qui avait fait tournoyer nos pitoyables êtres dans le même remous nous arrache des bras l'un de l'autre. Que je suis plus nu que si l'on m'avait enlevé la peau. Et j'aurai des cris muets.

Et je t'aimerai, toi si vivante, comme on aime une morte.

Alain.

1. On trouve ces vers dans «Les Mains tendues»: *Mais nos mains ne se seront pas tendues en vain / Un fragment de bonheur / Vaut tout le drame d'une vie* (Alain Grandbois, *Poèmes*, Montréal, Éditions de l'Hexagone, 1963, p. 248).

2. Alain ne cessa de me reprocher cette nature pour laquelle toutefois il m'aima au début.

3. Dans le poème «Demain seulement» on notera: *Je trouverai ce diamant / De son sourire absent* («Rivages de l'homme», *op. cit.*, p. 111).

4. Le chant d'un coq lointain nous éveillait tous les matins et, très souvent, des moustiques nous piquaient car l'automne demeurait chaud.

5. J'en fus contrariée, car il m'avait bien promis de ne pas risquer de perdre l'argent que ma chance nous avait fait gagner. Alain aimait bien s'adonner aux jeux de hasard; il tentait par ce moyen d'acquérir une aisance matérielle provisoire. Mais sans moi il avait déjà repris ses mauvaises habitudes éthyliques...

6. Juan-les-Pins.

7. C'est à ce casino que nous nous sommes revus, par pur hasard. Je l'aperçus à la table (il était au n° 1; moi, je n'ai jamais joué qu'au n° 4, mon chiffre fatidique). Il semblait désespéré et il ne restait devant lui que quelques jetons. C'est alors que je lui offris (sans le reconnaître tout d'abord) de jouer avec moi, car j'étais chanceuse et je savais mieux jouer que lui. Au cours de la soirée, je lui ai fait regagner la somme perdue, en plus d'un gain fort appréciable. Enchanté, il m'a offert une coupe de champagne... et c'est ainsi que tout a commencé (voir plus haut, p. 13), à la faveur d'une nuit étoilée et de l'air caressant du climat méditerranéen. Ce fut un coup de foudre réciproque dont nous retirâmes, lui et moi, d'indicibles bonheurs et de cruelles douleurs.

8. Alain rompit cette abstinence qu'il s'était imposée lorsque nous vivions ensemble, car il savait à quel point j'étais allergique à l'alcool et surtout à l'haleine qu'il procure à ceux qui en abusent.

9. Moura était une Roumaine qui avait gagné un prix de beauté à Bucarest. Mon médecin, roumain lui aussi, me l'avait confiée pour la protéger des pièges de Paris; elle devint mon amie (?), et c'est avec elle que je fis du cinéma à titre de «figurante de luxe»; le tournage dura trois mois, et j'allai avec le groupe passer l'été à Cannes plutôt qu'à Deauville, en Normandie.

10. Dans le poème intitulé: «Fermons l'armoire...», on trouvera des allusions à ce fleuve (la mer) où *Tu marchais et tu repoussais lentement la prodigieuse frontière des vagues / [...] tes deux mains [...] comme les deux colombes de l'arche / [...] / [...] avec un sourire de coeur désemparé* (*Les Îles de la nuit, op. cit.*, p. 84). Cela fut écrit à Port-Cros, et sans doute révisé peu après.

Dimanche-lundi. Nuit.
[25 septembre 1932]

Lucienne,

Mon amour, je voudrais te bercer doucement, te consoler, te dire des mots tendres. Je mettrais tes mains sur mes yeux. La nuit vivrait autour de nous, sur nous. Nous serions seuls au monde. Il n'y aurait rien que le battement de ton cœur et du mien. Rien que nous.

Pourquoi toute cette souffrance? Si j'avais su. J'ai tenté d'être juste vis-à-vis de toi. J'ai essayé de voir clair. Il y avait deux solutions: notre amour, ta vie. Après l'amour, il reste la vie. C'est pouquoi j'ai choisi que tu partes[1]. Mais tu ne connais pas mes moments de révolte, mes cris.

Et je souhaite parfois que tu ne m'aimes pas. Des minutes de sagesse. Mais cela serait si affreux. J'ai besoin de toi. Telle que tu es, et tel que je suis. Peut-être demain, non. Tu montes l'échelle de ta vie. D'autres paysages te sollicitent. D'autres visages. Rien n'est stable. Moi aussi les heures me secouent, me changent, me diminuent ou m'augmentent. Mais ce soir, cette

34

nuit, à cet instant où je t'écris, où je te pleure, où tu me laisses comme un infirme, comme un prisonnier froid entre quatre murs, j'ai besoin de toi comme mes poumons ont besoin d'air. Je t'aime. Je t'aime.

L'effroyable est que tu es trop vivante. Tu brûles les sentiments. Tu passes du bonheur au désespoir avec une rapidité sans nom. Je me rappelle Ortega, ton désarroi, ta nudité. Et ce choix[2] que tu n'osais pas faire, et cette hésitation dont je ne voulais pas profiter. Pourtant, si tu l'avais moins aimé[3], nous serions aujourd'hui au Caire[4]. Tu m'aimerais dans la joie. Tu m'aimes maintenant dans la tristesse. Comme on aime un vaincu.

Tu ne connais pas le repos. Tu es trop vivante. Et moi, j'ai besoin de quiétude. Je sais que je vais bientôt quitter tout cela, la mer, les êtres, le soleil, les nuits, les jours[5]. J'ai tout absorbé. Je veux que mon soir me trouve détaché, dépouillé. Je veux mourir avec l'image d'une adorable porte[6] d'or, qui ne finit pas de se refermer...

Je sais aussi ce qui arrivera. Peu à peu. Avec les jours, les semaines. Avec le *temps*. Tu auras oublié de pleurer. Tu ne sentiras plus ton cœur. Tu souriras. Tes yeux s'ouvriront sur d'autres visages. Tu me chasseras de ton souvenir comme on chasse une guêpe qui bourdonne. Tout sera rentré dans l'ordre.

Comme tu me connais mal, mon petit. Tu croyais que ce fût possible, Moura et moi, *après toi*. Nous avons parlé cinq minutes. Je ne suis pas allé au Waikiki. Je ne l'ai pas revue. Et même si je l'avais désirée (je te jure bien que non, et que je pense toujours ce que je t'ai déjà dit d'elle), comment aurais-je pu boire avec elle, rire, prononcer les mots d'usage, l'embrasser? Et tout cela, dans les endroits où nous nous sommes aimés, où je découvrais mes flammes, mes mains, mon épouvante!

J'ai fait une autre conquête. Je te l'offre, ma bien-aimée, en holocauste. C'est Francesca Bertini[7]. Ce soir, dimanche — quel anniversaire! — au baccara. (Je dois d'abord te dire que des 55 000 francs[8] que j'avais apportés de Paris, et des 20 000 que j'ai fait venir par la suite, il me reste exactement 2 500 francs[9]. Une phrase de toi m'avait frappé: «Il n'y a donc pas de Dieu pour les amoureux!» Je me suis accroché à cela comme à une planche, le noyé. Si

36

j'avais gagné un peu, j'aurais pris l'avion ce matin pour Paris, je t'aurais embrassée, nous aurions eu toute une nuit pour pleurer et rire ensemble, et je serais revenu dans mon trou.) Elle était au bar, avec un gros monsieur à chemise bleue. Ils parlaient italien. Je comprends un peu la langue. Il lui a dit quelque chose d'assez amusant. J'ai ri. Elle était à côté de moi. Elle s'est retournée, m'a regardé, et m'a demandé si j'avais entendu. Cela a engagé la conversation. Je buvais du whisky. Elle a commandé un sandwich. Le gros monsieur perdait de sa gaîté. Il buvait un jus d'orange. Alors il lui a dit soudain, dans un mauvais français — et à mon intention — qu'il ne comprenait pas «qu'une femme comme elle pût s'intéresser à de vagues gigolos, etc.» Ce fut sa perte. Nous avons tous éclaté de rire, Bertini, moi, et le barman qui était en face. Le monsieur s'est mis à bouder, puis a disparu dans la salle de jeu. Alors Bertini s'est découvert une soif impérieuse. Elle a commandé des whiskies. Elle m'a dit soudain qu'un metteur en scène de ses amis, à Rome, cherchait depuis un an un type pour remplir le rôle de Shelley[10], dont la vie doit être rendue au cinéma, et que j'étais exactement ce qu'il cherchait, et que le lendemain elle m'emmènerait chez son photographe. Je lui ai répondu qu'elle était fort aimable, mais que je partais au lever du jour pour Marseille, d'où je m'embarquais à destination des îles de l'Archipel[11], et que l'Europe ne me reverrait pas avant cinq ans. Là-dessus elle m'a pris les mains, et m'a dit «c'est dommage» d'une voix mouillée, et avec des yeux un peu fixes, car elle était un peu saoule. Et je suis revenu chez moi. Et je t'écris. Et je t'aime. Je t'aime.

J'irai vendre ma «voiture»[12] demain. Je partirai pour Port-Cros mercredi matin. Je t'écrirai dès que je serai arrivé là-bas. Peut-être t'y verrais-je, plus tard. Aurons-nous d'autres heures? Si tu savais comme je t'aime. Et comme, surtout, je voudrais m'empêcher de te le dire. Mais je n'ai pas cette force, ce courage. Je suis plus las que si j'avais vécu mille ans.

Alain.

1. Il n'avait pas «choisi» mais «consenti» à mon départ, à cause des appels désespérés de ma mère. À ce moment-là, nous avions tous deux quelques centaines de mille francs et pouvions donc vivre avec aisance. Je partis avec l'idée bien arrêtée d'organiser ma vie de façon à pouvoir retourner vivre définitivement avec lui.

2. Ici, il est injuste, car je n'ai nullement hésité devant cet évadé espagnol qui me demandait aide et pitié. Je l'ai laissé devant mon hôtel, sur le banc où il m'attendait depuis des heures, et je suis partie au bras d'Alain rayonnant. C'était, si je me souviens bien, le 10 septembre ou le lendemain.

3. Cet évadé de la Cárcel Modelo de Barcelone était un indigent qui s'était joint à mon groupe d'amis sur la plage de l'hôtel. Il n'y eut jamais entre lui et nous d'autre sentiment que la pitié. Je ne l'ai jamais aimé. Mais Alain, influencé par les ragots, ne cessait de me voir en séductrice! Ce que je n'ai jamais été.

4. Alain voulait que nous fuyions au Caire, où il aurait été correspondant spécial pour un journal de Paris qui lui avait offert ce poste, et moi, j'aurais pu donner des leçons de musique ou de français. J'ai cru nécessaire de retourner à Paris en avertir ma mère. Ce fut une grave erreur de ma part, que j'ai regrettée ensuite.

5. Convaincu qu'il mourrait jeune, à cause de son cœur malade, selon le diagnostic d'un médecin de Toulon, Alain était très mélancolique.

6. À la fin du poème «Avec ta robe ...», on trouve un rappel de cette porte: *Pour ne pas voir [...] / Lentement s'entr'ouvrir et tourner / Les lourdes portes de l'oubli* (*Les Îles de la nuit*, dans *Poèmes*, p. 47).

7. C'est moi qui un soir, au Carlton, lui avait signalé la présence de cette actrice italienne sur le retour, dont il n'avait vu aucun film.

8. Ces 55 000 francs, il les avait perdus le soir du 4 septembre au casino du Palm-Beach (voir plus haut, p. 13). Après mon départ de Cannes, le démon du jeu l'a repris. Il avait des goûts de millionnaire et jouait le tout pour le tout avec l'argent qu'il recevait de Québec. Je crois que les abus d'alcool lui faisaient perdre le sens des réalités.

9. Cette nouvelle me déçut fortement: Alain n'avait pas tenu sa promesse de ne plus rien risquer au jeu. Il savait que j'avais beaucoup gagné au chemin de fer; mais je n'ai jamais joué mes gains.

10. Sitôt après notre première rencontre, à Paris vers 1926, je lui trouvai une certaine ressemblance avec ce grand poète que fut Shelley, non par sa façon de vivre mais par son physique séduisant, par la poésie qui déjà l'habitait et illuminait son regard.

11. Alain prenait un malin plaisir à fabuler, à inventer, à désarmer son interlocuteur. Jamais il ne fit une telle tentative avec moi!

12. Sa voiture était vraiment miteuse (voir plus haut, p. 13). C'est pourtant avec elle que nous avons sillonné toute la côte française jusqu'à Marseille, et la côte italienne jusqu'à Rapallo. La nature nous favorisa: il ne plut pas durant les jours trop courts mais si joyeux que nous passâmes à Cannes en septembre 1932.

[Télégramme expédié de Cannes,
le 24 septembre 1932]

VU MÉDECIN DÉPART PROBABLE
PORT-CROS MERCREDI AMOUR
ALAIN

Mardi. Automne.
[27 septembre 1932]

Lucienne,

Il faut que je t'écrive un mot, un tout petit mot. Je t'aime.

Ne regrette pas Cannes. Il pleut. Il n'y a plus personne. C'est un désert humide.

Le plus grand désert est en moi, dans ma chair, dans mon cœur. Quelle place as-tu prise partout? Et quel jeu cruel tu jouerais, si tu jouais.

Je t'embrasse à pleine bouche, partout. Comme je t'aime.

Alain.

P.-S. — Tu es aussi renversée, près de moi, sans oreillers[1]. Et mes deux bras serrent ton cou, serrent ton cou. Toute la détresse du monde, et toute la douceur.

---

1. Toute ma vie j'ai dormi sans oreillers, ce qui amusait Alain, car lui, à cause de son cœur malade, dormait sur deux oreillers. Mais avec l'habitude, il finit par dormir dans mes bras, sans oreillers... ce qui prouve bien qu'il n'avait pas de maladie de cœur!

Port-Cros,
octobre 1932

Samedi.
[1er octobre 1932]

Lucienne,

Je ne t'écris pas aujourd'hui avec
mon cœur. Comme je voudrais le faire.
Comme j'aurais besoin de le faire. Il
s'agit d'une chose plus importante. Il
s'agit de toi, de ton immédiat, de ton
proche avenir. Les plus jolies phrases du
monde ne valent pas un moment de
sage réflexion. Tentons de réfléchir.
Tous les deux. (Oh, mon amour,
comme je voudrais m'empêcher de
t'écrire tout cela!)

Et d'abord, ne prends pas en mauvaise part ce que je te dirai. J'essaie de
voir clair, d'être juste. Je ne parle pas
pour moi, mais pour toi. Cela ne
signifie pas que je ne t'aime pas. Je ne
t'ai jamais aimée mieux, ni plus. Et je
t'aime assez pour «réaliser» que mon
amour ne peut rien pour toi. Mais le
moment est venu de refouler les mots
d'amour, de raisonner. Comme si je
n'étais pas un amant, mais un ami. Je te
sens seule, entourée de tendresses dis-
traites. Je sais que j'assume un rôle
ingrat: celui de la raison. Mais puisqu'il
me semble que personne ne le remplit…

Tu me dis que S.[1] te rend la vie impossible, qu'il te menace, t'injurie. Et qu'il ne cesse de te répéter — c'est ici le point essentiel — que tu ne dois plus, pour l'avenir, compter sur lui. Je m'abstiens de commentaires. Lui n'est pas en question. Je te répète qu'il ne s'agit que de toi. Et maintenant, je ne comprends plus. Pourquoi continuer de le voir, d'aller chez lui[2], de l'écouter?

Tu le connais. C'est un faible, et un vaniteux. Il tient par conséquent à avoir raison. Il veut t'abattre pour t'avoir plus facilement. Quand il t'aura, c'est alors qu'il te jettera par dessus bord, en triomphant. Ne lui laisse pas ce trop facile avantage. Tout ce que tu peux faire pour lui ne peut que te desservir. Quitte-le. Retourne chez ta mère[3]. Refuse *absolument* de le voir. N'attends pas son départ. Il compte là-dessus comme sur une délivrance. Laisse-le pleurnicher[4] et frapper sa jolie tête contre les cloisons! Et t'insulter, et se ronger les poings. Mais hors de ta présence. Chez la concierge ou sur le palier. Sans qu'il te voie. Crois-moi, j'ai appris chez les femmes à connaître les hommes. Et il n'y a rien de plus terrible, pour eux, que de savoir, là, à un mètre, la présence vivante d'un être, et de piétiner, à l'autre bout du mètre, dans leur propre néant.

Tu le perdras? Mon Dieu, moins certainement que si, malgré toutes les avanies qu'il te prodigue, tu continues à demeurer près de lui. Il y a un proverbe arabe qui dit (tous les proverbes sont arabes à l'occasion): «Tu sécheras tes os à ne point vouloir abandonner l'emplacement de la citerne tarie.» (Et puis non, j'aime autant te confesser tout de suite que je viens de le fabriquer, ce proverbe. À ton intention. Souris. C'est un pauvre enfant issu de nous deux, de notre détresse. On lui a donné un nom, pour lui faciliter son entrée dans le monde.)

De plus, j'ajoute que tu ne devrais considérer, sous aucun prétexte, la possibilité d'une entrevue, d'un rapprochement, sans exiger l'assurance de garanties matérielles *immédiates*. (Tu dois comprendre que ces choses-là me sont extrêmement pénibles à t'exprimer.) Mais ce sont des dettes à lui. *Des dettes qu'il te doit.* Je ne dis pas qu'*il* en viendra là. Je dis que s'il en venait là, tu devrais, à mon sens, agir de cette façon. Car il *faut* que tu commences enfin à penser à toi. Que tu ne te satisfasses plus de vagues promesses. Et que tu secoues ta nonchalance[5]. (Je saisis l'équivoque de tout ceci. Si je devais vivre longtemps, je n'aurais pas le courage de tracer ces lignes. Je le fais parce que dans six mois, j'aurai cessé d'exister[6] pour ce qu'on est convenu d'appeler le monde.) C'est avec des promesses que l'on finit par crever de faim. Et le fait qu'il clame et brame partout que tu es la cause de sa ruine n'est pas important. Ce qui importe, c'est qu'aujourd'hui, à la veille de cette fameuse rupture[7] dont ce tyranneau domestique ne finit pas de te menacer, tu te trouves, toi, dépouillée, nue, sans rien. Après neuf ans! Et trois liards de bijoux[8] que tu as pu misérablement mettre à tes doigts, à ton bras.

Il est possible aussi qu'*il* ne se contente que de veiller au grain, et qu'il se soit depuis longtemps décidé à retourner là-bas, afin de reprendre femme (riche). Alors il ne bougera pas. Il ne se mettra plus en frais de comédie. Il ménagera ses forces. Il ne jouera plus les collégiens. Mais il sera extrêmement mortifié. Tu l'auras lâché. Pour toi, maigre revanche! Je sais, je sais. Mais enfin... Cela le fera peut-être taire. Car cet homme, qui ne me paraît pas posséder exagérément le sens des responsabilités — autrement qu'en paroles — possède peut-être (sobre) celui du ridicule.

Tu m'objecteras Suzanne[9]. En effet. Il y a toujours des sacrifiés. Mais puisque tu me dis qu'elle est maintenant hors de danger, il me semble que tu pourrais lui faire comprendre, dans une certaine mesure, le «fatum» des événements et la nécessité de ton attitude. Je me doute bien qu'*il* essaiera de jouer d'elle pour t'attendrir, et qu'elle se prêtera volontiers, sans trop le savoir, à ce jeu. C'est là où il te faudra résister.

Il y a aussi ta mère[10]. C'est une femme de jugement, et qui l'a prouvé. Explique-lui exactement ce qui se passe entre lui et toi. Dans une conversation genre «affaires». N'y mêle pas les sentiments. Les faits brutaux, concrets. Afin qu'elle puisse juger autrement que par les plaintes et les pleurnicheries de ce cher gentilhomme, de la précarité, de la *réalité* de ta situation. Elle te comprendra peut-être. Et si elle t'aime, comment ne pourrait-elle pas t'ouvrir ses bras?

Alors tu resteras chez elle. Mais chez elle, tu entends[11]! Il ne faudra pas retourner chez lui, ni partir en voyage. Cela prendrait des allures de fugues. Il crierait plus fort, ameuterait tout le monde, et tout le monde, depuis et avant les moutons de Panurge, donne toujours raison à celui qui hurle. Il faut qu'il y ait non pas fugue, mais séparation. C'est extrêmement différent.

Et il restera Gizèle. Je sais bien que tu ne peux, ni dois passer ta vie dans la «couture»[12]. Ce sera provisoire. Mais c'est dans le provisoire que se préparent les états définitifs. Ce sera dur, les premiers jours? Moins que tu ne crois. J'imagine même que cela t'amusera considérablement. (J'allais ajouter hélas.)

J'allais aussi te parler du monsieur supérieur. De celui à qui tu as fait *déjà* des confidences. Je ne t'en parlerai pas. Je ne possède pas la patience d'un saint, ni son abnégation. Et d'autre part, je ne voudrais point finir cette lettre de «sagesse» sur une note de sarcasme, ou d'ironie. Je constate simplement mon impuissance à t'aider, et mes possibilités de souffrances. Et je les vois sans fin.

Si tu t'arranges avec Gizèle, et si elle t'accorde un délai, demande-lui trois semaines. (Et tu ne viendrais pas avant *son* départ. Autrement, il aurait la partie trop belle.) Tu pourrais rentrer, par exemple, le douze ou le treize novembre, pour prendre tes fonctions le quinze. — Il est bien entendu qu'ici, tu est *mon invitée*. — Si tu ne peux t'arranger avec elle pour ce délai, ne viens pas. Tu ne dois pas sacrifier la chance d'une situation qui, dans les circonstances, est inespérée. Nous nous reverrons plus tard à Paris.

Et pourtant!

Si j'étais libre[13] de te libérer, je ne t'écrirais pas tant de pages. Je sauterais à Paris, je carillonnerais à ta porte, j'entourerais ton cou de mes bras, et personne ne nous reverrait plus[14].

Tu ne peux soupçonner ce que sont ici les nuits. Des heures d'ombre épaisse comme des murs. Le bruit de la mer enveloppe, protège le nœud même d'un silence profond, touffu, inimaginable. On devine les commencements du monde, avant les êtres, la vie. Et chacun de nos baisers rendrait dans ces nuits le son d'une chose éternelle. Ce serait trop beau. Nous n'avons pas de chance.

Alain.

1. La jalousie provoque toujours des éclats lorsque la rupture a déjà été faite.

2. Où avait-il lu dans mes lettres que j'allais voir cet homme *chez lui?*

3. Alain savait fort bien qu'à Paris je n'ai jamais habité ailleurs que chez ma mère, où il m'adressait ses lettres. Pourquoi en doutait-il ce jour-là?

4. Ici Alain fait allusion à une scène qui eut lieu à Cannes, lorsque, rentrant ensemble vers trois heures du matin à mon appartement au Carlton, nous eûmes la désagréable surprise de voir s'ouvrir la porte communiquant avec la chambre d'à côté. S. était venu sans avertir et, moyennant un pourboire versé au concierge, il avait pu occuper cette chambre dans le but de me surprendre en flagrant délit. Ce soir-là, malgré supplications et menaces, je rompis définitivement avec S. et, faisant mes malles, je partis avec Alain.

5. Non pas nonchalance, mais pitié et indifférence.

6. Alain se croyait cardiaque et condamné (voir p. 39, note 5).

7. Voir note 4.

8. Ces bijoux me venaient de ma mère, ou avaient été acquis avec mes gains au casino. Mon mari ne m'avait donné qu'un seul bracelet, que je vendis promptement. Il ne me restait alors que les miens.

9. Fille de S.

10. Empoisonnée comme moi par les calomnies de cet ami (?) commun (voir plus haut, p. 13), à qui elle avait voué une tendresse toute maternelle, ma mère n'a jamais accepté Alain.

11. Pourquoi cet ultimatum? Alain savait fort bien que jamais je n'ai habité ailleurs que chez ma mère, où il m'adressait ses lettres...

12. Gizèle dirigeait une maison de couture et m'avait offert d'être sa remplaçante pendant l'été.

13. Alain était en toutes choses un homme libre, mais non matériellement.

14. Le plus grand désir d'Alain était que nous fuyions le monde, nos passés respectifs, nos attaches familiales, afin de protéger notre amour des influences extérieures néfastes. Et comme il avait raison!

Lundi soir.
[3 octobre 1932]

Lucienne,

Je reçois ta lettre, qui m'annonce des choses si belles. Celles que je croyais impossibles, que je désespérais de voir s'accomplir: tes mains, tes yeux, ta venue, toi. Je me refusais de croire à ce bonheur. Et j'ai encore un peu peur.

Viens aussi tôt que tu le pourras. Pour le temps que tu voudras. Je t'attends avec mon cœur, mes épaules, avec ce qui me reste de joie intacte. J'essaierai de te rendre heureuse. Nous chercherons la joie au-dessus de nous, là où s'agitent les rêves, où bat le sang même des étoiles.

Mais il te faudra te munir d'indulgence. Je ne suis qu'un homme. Tu me connais mal. Tu me vois à travers ton amour. Les traits que tu me prêtes, tu les crées toi-même. Il y aura le tournant dangereux, celui où tes yeux de femme verront l'homme que je suis. Et nous sommes tous si laids, si pauvres.

Télégraphie-moi trois jours d'avance. Ici, la ligne téléphonique est rompue. On téléphonait les télégrammes d'Hyères, maintenant, il faut attendre que le bateau les apporte. Tu prendras le train n° 15, qui part de Paris (Gare de Lyon) à 17 h 40, 5 h 40 le soir. Ce train est muni de couchettes, d'un wagon-restaurant. Il arrive à Toulon le matin, vers 7 h 30. Je serai là[1]. Puis nous prendrons un train — un tortillard — pour les Salins d'Hyères, où nous attendra le bateau qui fait le service de Port-Cros. Il faut surtout que tu ne rates pas le train de Paris.

Apporte des lainages. (J'ai d'ailleurs un tricot pour toi.) Et des pyjamas[2], pour les beaux jours, et une ou deux petites robes, pour ceux où l'on ne peut sortir. J'aimerais aussi que tu apportes une robe du soir, car nous aurons certains anniversaires à célébrer. Je m'habillerai[3]. Nous serons tous les deux. Nous dînerons au champagne, comme des parvenus, ou des Russes. Nous divaguerons. Nous serons un peu fous. Nous imaginerons des destins formidables, magnifiques, irréels. Nous sommes des vagabonds, tous les deux[4].

Et puis nous nous aimerons. Mes doigts se crisperont à tes épaules. Nous plongerons aux profondeurs originelles.

Viens vite, viens, viens. Je t'aime.
Je t'aime.

Alain.

P.-S. — Tes lettres sont mon pain quotidien.
Apporte le phono[5].
Je t'embrasse avec des cris.
A.

1. Il arriva avec une demi-heure de retard, à cause de la mer, très agitée ce matin-là. Je l'attendais au café de la gare. Sitôt que nous nous revîmes, l'idylle recommença; elle dura jusqu'à mon deuxième et douloureux départ de l'île enchantée, où s'était ouverte toute grande «l'armoire aux sortilèges».

2. Le soir où nous nous retrouvâmes au casino du Palm-Beach, je portais un pyjama de soie shantung, très élégant. Il m'avait félicitée sur mon chic.

3. Pour cette occasion spéciale, il avait apporté son smoking.

4. Nous nous entendions si bien, et sur tous les points...

5. Alain vivait très simplement. Ni appareil photographique ni radio. Je voulus les lui laisser en partant, mais il refusa.

Mercredi.
[5 octobre 1932]

Lucienne,

Cette méchante carte. Sale gosse.
Mon amour.
N'as-tu pas un peu honte?
Entre nous, déjà. *Entre nous.*
Nous n'avons pas encore commencé de nous aimer. Nous sommes encore des étrangers, avec des doigts de lumière. Et la route devant nous, immense, vaste...
Et tu écris comme si le cycle se refermait, comme si nous nous perdions déjà, au bas de la montagne, dans l'ombre des souvenirs éteints[1].
Je ne t'embrasse pas, pour me punir de t'avoir si peu inspiré de confiance. Mais je t'aime.

Alain.

---

1. Pour moi, jamais ne s'éteignirent ces souvenirs uniques: ils se ravivaient à la *lumière des nuits lunaires.*

Vendredi–samedi.
[8 octobre 1932]

Lucienne,

Comment exprimer tout ce qui monte en moi de douceur, de tendresse, de piété, d'attente. Les mots n'ont pas de force. Mais ferme tes yeux. Je te dis tout bas, dans l'ombre, dans la nuit, que je t'aime, que je t'aime.

Je ne peux plus penser à rien qu'à toi, à nous. Chaque soir, je m'endors épuisé. Je te porte en moi comme une femme son enfant. Tu me fais mal[1]. Parfois mon cœur arrête de battre, puis se précipite soudain, affolé. Je ne cesse de poursuivre ton image, les traits de ton visage, ton regard. Mais tout m'échappe. Tout est trop mobile, trop fuyant. Je me couche la tête dans mes bras. Il n'y a que le bruit de la mer, l'ombre. Je suis épouvantablement seul. Et cette solitude qui pèse sur moi de toutes parts, qui m'étouffe, je l'ai pourtant, jusqu'à ce jour, voulue, désirée, provoquée. Mon orgueil se jouait d'elle, la poursuivait, la traquait. Et je riais comme un homme au milieu d'une tempête, comme un homme sauvage avec un rire sauvage. N'ai-je plus d'orgueil, mon amour, mon amour!

Mes doigts montent à tes joues, à tes tempes, sous les cheveux. Tu dors. Ton souffle réchauffe les paumes de mes mains. Et je voudrais qu'il n'y eût jamais plus de réveil. Jamais rien, rien.

Alain.

---

1. Cette phrase contient toute la poésie du monde. Jamais je ne l'ai oubliée. Elle confirme ce que j'avais deviné: Alain craignait le bonheur, et surtout de le perdre, car il savait qu'un amour absolu, comme le nôtre, n'est pas permis aux pauvres hommes que nous sommes, et finit toujours tragiquement.

Lucienne,

J'ai ouvert ta lettre avec appréhension. Je flairais le passage, le travail
du temps. J'y ai trouvé une sorte d'al-
lègre résignation — pour ne pas dire
joyeuse — à ton sort actuel, une heureuse disposition à trouver la vie de
Paris belle, un imperceptible mais net
détachement de ce qui fut «nous». Nous
sommes encore «nous», mais sortis des
profondeurs, du gouffre implacable où
seuls nous pouvions nous déchirer,
nous caresser, nous aimer. Il y a maintenant le flot de tes habitudes revenues.
Il y a la vie normale, *rationnelle*. Vive
Dieu! Tu es sauvée, ma toute belle.

Nous voguerons maintenant en
surface. Tout sera charmant. Nous nous
écrirons des lettres bien écrites. Il y aura
tous les accords, y compris ceux du
subjonctif. Je ne ferai plus de fautes
d'orthographe. Nous serons nuancés,
délicats, et distingués, extrêmement.
Nous serons des amants gens du
monde. À Paris, nous irons même au
cinéma des Ursulines, pour la version
allemande. Tu me tromperas gentiment
avec des messieurs bien mis, intelli-

gents, supérieurs. Je comprendrai tout, tout[1]. Car nous serons des amants modèles. Et sauf quelques centaines de milliers d'exemplaires, cette engeance ne court pas les rues.

Ce sera très bien. Mais c'est un peu dommage. Je t'espérais autrement. Il y a ici le vent, la montagne, la nuit. Des choses dures, vraies, qu'il faut mériter, qu'il faut conquérir. Il y a même, pour attendrir le décor, une lune qui surgit brusquement, vers les huit heures du soir, du sombre mur de la forêt. Et tout le pays s'éclaire soudain de bleu pâle. Et la mer prend une douceur de lait.

Et ton visage deviendrait grave et pâle. Comme je l'aime. Comme il faut qu'il soit, pour que je ne cesse plus de t'aimer.

Mais je repousse doucement cette image, afin de m'habituer aux autres, à celles qui me font déjà moins souffrir[2].

Alain.

---

1. Cette lettre montre combien sa jalousie irraisonnée, aiguisée par son besoin de fuir toute réalité, le rendait injuste, sarcastique et cruel. Jamais avec moi, en ma présence, manifesta-t-il le désir de boire autre chose que du champagne ou du vin. Mais en mon absence il recourait à son ancienne habitude d'oubli.

2. Alain, en grand poète qu'il était déjà — et comme tous les poètes — trouvait dans la souffrance, même au milieu d'un amour partagé, matière à inspiration. Torturé par le mal de vivre, ne pouvait-il connaître de bonheur total? Cherchant constamment l'évasion de soi, en voyageant, en se distrayant ou en se cachant dans sa retraite choisie — Port-Cros — il ne pouvait connaître de parfait bonheur.

Lundi.
[10 octobre 1932]

Lucienne,

Hier, je t'ai écrit une lettre méchante. Il faut me la pardonner. La déception que m'a causée l'annonce de ton retard[1] en était la raison. Il me semblait que j'attendais depuis si longtemps. Je tuais chaque minute, chaque heure, chaque jour. J'allais être enfin délivré. Puis j'apprends soudain qu'il faut tout recommencer, qu'il me faut me remettre à l'affût, rageusement, patiemment, que je dois m'acharner encore à ces meurtres inutiles, épuisants... C'est alors qu'est monté le flot des forces mauvaises.

Pour «faire le point», je répondrai aux questions que tu me poses depuis quelques jours.

1° Je n'aime pas du tout la photo 28. Je préfère la petite du Bois à celle du balcon. Tu as l'air d'une petite fille coupable qui veut se faire pardonner, mais qui sait surtout qu'elle le sera.

2° J'ai acheté le tricot[2] à Cannes avant mon départ. Il m'a plu parce qu'il m'a semblé un peu cocasse. Il y a trois losanges à la place du cœur, et deux à la ceinture. Je l'ai essayé, et il «allait». Et comme les choses «qui me font te vont» (ça peut se chanter) encore mieux, je l'ai acheté pour toi, en pensant à Port-Cros.

3° Apporte la robe noire[3].

4° Comme cadeau[4], je te demanderais vivement un petit hôtel particulier avenue du Bois, une Rolls et un orgue, une petite ferme pour des chevaux et des chiens, et un petit château pour donner une certaine valeur à la petite ferme, un trois-mâts, sans moteur, pour courir les mers, et un petit avion, avec moteur, pour courir les cieux. Mais si tu n'as pas le temps d'effectuer ces quelques achats avant ton départ, apporte-moi tes deux mains[5], que tu poseras sur mes yeux. Elle vaudront les plus belles aventures du monde.

Alain.

P.-S. — Ai-je oublié de te dire que je t'embrassais?
A.

1. L'impatience évidente d'Alain lui était permise mais plus tard, quand à mon tour j'en manifestai, il me fit d'amers reproches, surtout après mon retour au Canada.

2. Avec ce tricot ravissant, Alain me fit la surprise de m'acheter aussi une robe blanche en coton. Je ne la portais que les jours ensoleillés, car il faisait déjà frais.

3. À une réception littéraire chez ma mère, il m'avait vue avec cette robe signée «Jeanne Duverne» et il désirait que je la porte à mon dîner d'anniversaire, le 4 novembre.

4. Avec cette énumération fantaisiste, on se rend compte à quel point il était raffiné et connaissait le grand luxe réservé aux milliardaires coudoyés sur les rives de la Méditerranée. Peu économe, généreux de nature, il laissait l'argent lui couler entre les doigts lorsqu'il en possédait. Je crois que, dès son arrivée en France, il fut pris au «miroir aux alouettes» qu'est Paris; mais, pendant son séjour, il y accrut son sens inné du beau et son raffinement. Entre lui et moi, seule la question matérielle jetait une ombre maléfique. Si j'avais gagné à la Loterie cette année-là, au lieu d'en 1938, tous les obstacles auraient disparu et nous aurions pu alors réaliser ce qui (avec le voyage en Chine) était son rêve le plus cher: aller tous deux vivre en Égypte définitivement. Mais cela ne devait pas être.

5. Encore une fois une allusion à «mes mains». Alain adorait mes mains, que deux sculpteurs — F. Benneteau et A. Smolin — avaient prises pour modèles. Il les tenait sans cesse dans les siennes ou les portait à son visage.

Jeudi soir.
[13 octobre 1932]

Lucienne,

J'arrive de Toulon, où j'ai dû aller consulter un médecin pour mon coeur[1]. On me remet ton télégramme. J'ai cru un moment, avant de l'ouvrir, qu'il allait m'annoncer ton arrivée. (Trois jours avant.) Il m'annonce la peine que je t'ai faite. Je recevrai ta lettre demain. Et demain, à ton tour, tu me feras souffrir. Je hais l'amour.

Mais moins que je ne t'aime. Ces révoltes, ces sarcasmes, ce refus de m'adapter, *de coeur*, aux situations que ma raison comprend, accepte, puisqu'elle reconnaît mon impuissance à te fournir cette apparence, ce minimum de sécurité, comment peux-tu les interpréter autrement que comme des cris d'amour blessé! La sagesse, l'amour, ce duel, sans cesse. Et que tu sembles ne pas comprendre. Pourtant!

Lorsque je pense à toi, uniquement à toi, lorsque je m'arrache de toi pour ne penser qu'à toi, et que je t'écris des choses que je crois raisonnables, tu te montres étonnée, surprise... Tu blâmes secrètement ce que tu appelles mon côté «pratique». Et tu protestes que tu ne saurais agir en «courtisane»[2]! (J'aurais beaucoup à te dire sur ce point. D'abord, que tu es attachée à S. beaucoup plus que tu ne le crois, ou que tu ne veux l'avouer.)

Mais lorsque je pense à toi avec moi, à *nous*, à moi, à tes lèvres pour ma soif, à ton corps lisse, à ta chair ouverte pour le vertige de la mienne, comment peux-tu ne pas comprendre que certaines images me sautent à la gorge, m'étouffent. Que certains gestes, faciles à imaginer, me brûlent intolérablement[3].

Si je ne t'aimais pas, tout serait si facile. Et mes lettres seraient tendres. (Je t'aimerais juste assez pour cela.) Avoir seulement l'illusion de l'amour! Mais je t'aime. Tu entends, je t'aime. Et malgré ma volonté, je ne puis toujours fermer les yeux. Et je suis cruel parce que je t'aime. Comprends-tu. Comprends-tu?

Alain.

---

1. Voir p. 39, note 5. Ce médecin posa un diagnostic erroné sur l'état d'Alain qui, par la suite, se crut atteint d'une grave maladie de coeur. Il parlait souvent de la mort et des courtes années qui lui restaient à vivre.

2. Je n'ai plus mes lettres comme référence, mais j'imagine que mon pauvre Alain, toujours si jaloux, me soupçonnait de duplicité. Pourtant, à Cannes, il avait été témoin de ma rupture avec S., vers le milieu de septembre.

3. Alain me blessait en doutant de ma fidélité, pourtant totale. Les calomnies d'autrefois jouaient encore dans sa pensée, ravivaient une jalousie toujours en éveil. Et j'en souffrais.

Samedi.
[15 octobre 1932]

Lucienne,

Je t'envoie ce petit mot dans la plus grande hâte. La vedette part dans quelques minutes. J'ai demandé qu'on attende. Et on attend. J'écris à la vapeur.

J'ai reçu ta lettre, méchante. Mais en même temps, la seconde. Et c'est celle-ci qui m'a le plus peiné. Mon petit, mon petit. Il *ne faut pas* que tu me portes un amour résigné. Oublie. Que les choses soient, entre nous, comme elles étaient il y a huit, il y a quinze jours[1]. Il le faut. Sans cela, nous descendrons le versant. Et nous deviendrons mesquins. Du mépris se glissera entre nous. Ne regarde pas, ne vois pas ce qu'il y a en moi de mauvais[2]. Laisse s'éloigner le nuage. Le reste du ciel est si bleu.

Je t'embrasse et je t'aime. Et c'est parce que je t'aime au-delà de la limite de mes forces que je te fais souffrir. Et c'est parce que je ne puis t'embrasser que mon amour piétine, tourne en rond, s'aveugle[3]. Mes nuits sont tendues vers toi. Ma chair *t'appelle* à coups durs, à battements douloureux. Mes mains cherchent ta chaleur, ton flanc, ton

frisson. Et c'est le vide, toujours le vide.
Embrasse-moi comme je t'embrasse.

Alain.

---

1. À Cannes, où nous ne nous étions pas quittés un seul
instant.

2. Non, à ce moment je n'aurais jamais cru cela possible.

3. Ici Alain avoue bien que son injustifiable jalousie déforme
sa vision des choses et des faits, car je ne lui ai jamais donné raison
de douter de mon amour, de ma fidélité. Sauf dans *mon* passé,
dans lequel il ne figurait pas.

Lucienne,

J'ai reçu ta photo, qui est ravissante. J'espère que tu vas pouvoir m'en donner une copie. Je t'expédie l'original — pas toi naturellement — par le courrier de cet après-midi.

Il fait depuis deux jours un temps des dieux. Je rage à la pensée que tu serais ici, à côté de moi, si ce maudit retard n'avait eu lieu. Tout sent le printemps. Mais quand le soir tombe, les odeurs s'alourdissent, prennent la force des sèves mûries. Puis la première étoile se lève avec le vent de la mer. Je vois tes yeux, tes mains...[1]

Je n'ose plus penser à ta venue. Il me semble que tu ne viendras jamais. Me glisser près de toi, approcher mon corps du tien, te prendre dans mes bras, chercher tes lèvres — tu es immobile, tes yeux sont clos — et sentir, sous moi, tes genoux s'ouvrir lentement... Mon amour, mon amour, cette heure vivra-t-elle?

Je ne sais plus rien de toi. Tu rejoins les ombres de la légende. Je doute que tu vives. Dix femmes passent et repassent devant moi. Neuf possèdent tes traits, tes yeux, ta voix. La dixième m'échappe, fuit, voilée. Celle-là seule est la vraie. Je crois parfois la saisir dans la nuit. Mes bras retombent dans le vide. Où es-tu?

J'ai peur du bonheur[2].

Alain.

---

1. Je me suis souvent demandé si ce ne sont pas mes mains qu'Alain a le plus aimé de moi?

2. Voilà peut-être l'impardonnable raison de son impitoyable silence, dont j'aurais pu mourir...

Mercredi midi.
[19 octobre 1932]

Lucienne,

Ce petit mot est probablement le dernier que je t'adresse avant ton départ de Paris. Je ne m'occuperai à te dire que des choses «pratiques». Le reste, c'est-à-dire ce qui compte, nous aurons toutes les heures du jour et de la nuit pour en deviser. Et le vivre. Répète-toi seulement que je t'aime.

1° Au cas, très improbable d'ailleurs, où tu ne me verrais pas à la gare, à Toulon, le matin, tu devras prendre le train à 8 h 40, à cette même gare, pour les Salins d'Hyères, et à cet endroit, le bateau pour Port-Cros. Une seule chose pourrait m'empêcher d'aller à Toulon, c'est le gros temps. Car il n'y aurait pas de service.

2° Je ne sais pas s'il serait très prudent de t'enregistrer ici sous mon nom. Ayant vu mon passeport, on sait que je suis célibataire. On pourrait jaser, intriguer. (Ce sont de drôles de «cocos», ici.) D'autre part, il serait peut-être préférable qu'on ne sache pas ton identité réelle. Les hasards sont parfois si bêtes. Pourrais-tu trouver un

70

«pseudonyme», par le moyen duquel tes amis correspondraient avec toi? — Mais ce n'est qu'une suggestion. Fais comme tu veux[1].

3° Nous aurons une sorte d'appartement. Deux chambres contiguës, et une salle de bain. Puis des balcons, la mer... (Nous aurons aussi un tas d'autres choses, que je te dirai plus bas, à l'oreille.)

4° Le gilet est dans les teintes brunes. Je ne connais pas le nom des couleurs.

5° J'ai souffert d'une petite crise cardiaque à la suite d'un séjour trop prolongé dans la mer, qui est déjà froide[2]. Et j'ai passé par toutes les teintes sombres de l'arc-en-ciel. Je suis maintenant très bien.

6° Pour terminer, je dois m'accuser d'une vilenie. J'ai souhaité, pour un moment, que ta grippe ne te laissât pas avant *son* départ. Et je dois m'accuser d'une chose plus grave. C'est que *je le souhaite encore*.

Dépêche-toi, viens, viens!

Alain.

---

1. C'est sous le nom de Lucienne Grandbois que je m'inscrivis et que je reçus lettres et télégrammes. Par exemple, la lettre envoyée par ma mère pour mon anniversaire, en novembre, était adressée ainsi: *Madame Lucienne Grandbois / Hôtel Provençal / Île de Port-Cros / Var / France.*

2. À Cannes, Alain ne s'est jamais baigné dans la mer avec moi et, une fois sur l'île, il faisait trop froid pour entrer dans l'eau. Alain se plaignait trop souvent de douleurs au coeur pour prendre de nouveaux risques.

Port-Cros,
novembre 1932

[Télégramme expédié de Toulon,
le 13 novembre 1932]

SUIS AVEC TOI[1] TOUTES
TENDRESSES
ALAIN

---

1. Le 13 novembre je rentrai à Paris. Lui retourna à l'Île. Cette deuxième séparation nous désespéra tous deux.

Dimanche. Soir.
[13 novembre 1932]

Lucienne,

Je t'ai écrit deux ou trois lettres, que
j'ai par la suite déchirées. Elles rendaient
un son faux. La vérité est que je ne sais
plus t'écrire. Il faudrait faire un choix,
dire ceci ou cela. Ou tout dire. Je ne le
peux pas. Trop de choses se pressent en
moi, oscillant entre deux pôles, et qui se
heurtent, se contredisent. Je te crie
«Reviens, reviens», et je te crie «Je ne
veux plus te revoir jamais». Il n'y a pas
de vérité au milieu. Tout tient dans les
extrêmes, sauf pour les êtres morts.
Réfléchir, c'est déjà faire des conces-
sions, ronger le métal. Je suis vivant, et
je te veux vivante. Je ne pense pas, je
crie. Tu m'entends? Mets tes mains sur
tes genoux, et ferme les yeux. Voilà. Et
après?

Et après, il n'y a rien. C'est le jeu.
On ne gagne pas, on ne perd pas. La vie
marche, nous dedans. Le grand fleuve,
les petits remous, tu sais tout cela.

Je ne te dirai pas que je souffre,
parce que ce n'est pas vrai. Il me
manque quelque chose comme un peu
d'air, quelque chose comme un peu de

76

pain, quelque chose comme un peu de sang. Je suis encore engourdi. Tu n'es ni loin ni près. Je puis même me rappeler avec calme certains souvenirs d'une douceur résolument cruelle.

Il me fallait refaire connaissance avec l'Île. Je ne pouvais vivre avec elle en hostilités. Nous nous sommes ligués tous les deux contre toi. Nous t'avons sacrifiée. Je suis allé du côté de la plage du Sud, du côté du château. J'ai eu la sensation d'effacer tes pas.

Je sais que tu me pardonneras ces trahisons nécessaires. Je ne veux pas me laisser envahir. Je sais que la plus sombre, la plus folle détresse me guette. Je ruse pendant que j'en possède encore les moyens. En avion, au-dessus du plafond des nuages en tempête, tout peut aller. Jusqu'à ce qu'il faille redescendre. Alors vient le moment où la dernière étoile chavire.

Je ne veux pas te répéter les mots qui me montent à la gorge, qui m'étouffent. Les mots d'amour ne doivent être prononcés que dans l'espoir[1].

Alain.

---

1. J'étais tout aussi malheureuse que lui, car j'avais avancé mon retour à Paris pour lui permettre de terminer son *Né à Québec*. Rien ne m'obligeait à rentrer, j'aurais pu rester dans l'Île jusqu'à la mi-décembre. Mais je m'étais rendu compte que ma présence le distrayait de son travail et j'avais décidé de le laisser seul. Ce sacrifice me coûta bien des larmes; Alain n'en a jamais rien su.

Lundi.
[14 novembre 1932]

Lucienne,

La vedette n'est pas venue. Ma lettre de dimanche ne partira donc que demain. Avec celle-ci. Tu les recevras mercredi, peut-être jeudi. Déjà, tu seras redevenue «l'autre». Celle dont j'ignore les gestes, les pensées, celle que je devine trop bien, ou trop mal[1].

Ce matin je t'ai cherchée, je t'ai appelée. Le soleil brillait entre les lames des croisées. J'entendais le clapotis de l'eau. La petite fille aux cheveux blonds devait jouer avec le chat, son rire montait jusqu'à moi.

Mais il faisait vraiment nuit quand je me suis réveillé pour la première fois. Le moteur d'un bateau ronflait doucement. Rien n'était changé. Tu dormais derrière la porte, comme aux premiers jours[2]. Tu vivais, tu vivais. Vivante et endormie. Il y eut aussi le chant du coq inconnu. Et le souffle d'un vent très léger enveloppait toute cette paix. Et nous étions protégés par une grande force douce. Et nous vivions depuis toujours, pour toujours[3].

Je suis complètement seul à l'hôtel.
La porte de ta chambre qui donnait sur
la mienne est fermée. Mais celle qui
donne sur l'antichambre ne l'est pas. Et
je respire encore un peu de ton odeur.
Et notre amour m'étourdit, me sub-
merge, me noie.

Alain.

1. Pourquoi toujours douter de moi, me soupçonner des pires
infidélités? Ce séjour paradisiaque, sans qu'aucun nuage n'ait
assombri notre bonheur, ne pouvait-il donc pas lui donner
confiance? Il était possessif, ombrageux. Irrité par son
impécuniosité il ne se sentait pas maître de son destin. Une
angoisse latente le torturait sans cesse pendant nos séparations.

2. Le premier soir, j'ai dormi dans ma chambre; j'étais encore
un peu grippée. Mais le lendemain, nous avons fait descendre le lit
et nous avons transformé ma chambre en boudoir où nous
prenions les repas du matin et du midi; pendant les fins
d'après-midi, lorsqu'Alain travaillait — sans grand enthousiasme —
à son *Né à Québec*, je me tenais dans cette pièce pour ne pas le
déranger. À vrai dire, cependant, j'y suis rarement restée seule bien
longtemps...

3. En lisant de telles lettres, comment ne pas croire à la permanence des sentiments?

PREMIER POÈME INÉDIT

Pigeon comme un baiser doux
O Pigeon comme le plus doux baisers
Pigeon avec une aile noire
Pigeon, doux pigeon, doux doux pigeon
O doux pigeon

Ton aile noire comme une aile blanche
Ton aile blanche comme un murmure
O doux pigeon, o mon doux pigeon
Oiseau plein de départs et de fuites
Seule migration d'une course éperdue
Seul battement d'ailes sans fin

[15 novembre 1932]

Pigeon comme un baiser doux
Ô Pigeon comme les plus doux baisers
Pigeon avec une aile noire
Pigeon, doux pigeon, doux doux
    pigeon
Ô doux pigeon

Ton aile noire comme une aile blanche
Ton aile blanche comme un murmure
Ô doux pigeon, ô mon doux pigeon
Oiseau plein de départs et de fuites
Seule migration d'une course éperdue
Seul battement d'ailes sans fin[1]

    Voici la dernière manifestation de ce
qui fut notre bonheur. Ce temps, déjà,
ne nous appartient plus. Mais rien ne
nous appartient!

[Alain]

---

1. Poème non signé. Voir plus loin la lettre du 19 novembre.
Ce poème était accompagné de la note ci-dessus.

[16 novembre 1932]

Lucienne,

J'ai travaillé toute la journée. Je suis fatigué, dégoûté, malade. Tant d'heures, qui pourraient être heureuses, pour cette chose médiocre, sans intérêt[1]. Je viens ce soir à toi comme à une récompense. Je relis tes lettres, j'y retrouve un peu de ton amour. Mais comme je crains que tu ne te trompes. Tu ne me vois pas. Tu m'imagines, tu me crées. Ma jeunesse te fait illusion.

Mon mal de gencives m'a repris. Je ne bois plus de vin, je m'empêche de fumer. Je dors mal. J'entre dans la tempête. L'horizon n'a jamais été aussi fermé, aussi sombre.

Je ne me plains pas, je constate mon impuissance. Je ne puis rien que te rendre malheureuse. Toutes mes anciennes rancunes, tous mes anciens dégoûts me montent à la gorge, m'étouffent. Tant que tu étais là, j'oubliais, je vivais chaque minute sans songer à la suivante. Et celle-ci m'apportait la même douceur. Ainsi des heures, des jours.

Je regrette chaque heure de sommeil qui m'a pris à toi, chaque page lue,

chaque baiser non donné. Je ne me souviens plus du goût de ton baiser. Il y a si
longtemps. Et maintenant je désire tes
lèvres, même au moment où ma bouche
s'emplit de sang[2].
Je t'aime.

Alain.

1. Perfectionniste, jamais satisfait de son travail, il déchirait souvent ses brouillons et jetait tout au panier. Il écrivait sans conviction, sans enthousiasme, préférant la poésie à la prose. Il n'était jamais plus heureux qu'en me lisant le nouveau poème du jour.
2. Ses gencives le faisaient terriblement souffrir; des travaux dentaires mal exécutés en étaient probablement la cause.

Vendredi.
[18 novembre 1932]

Lucienne,
(mon doux doux pigeon)

J'aurais dû t'aider, t'encourager, te dire des mots de douceur, calmer ta peine. Je n'ai regardé que moi, je n'ai vu que ma propre misère. Il faut me pardonner, oublier.

Des beaux jours reviendront peut-être. Fermons les yeux, attendons-les. Il ne faut pas trop se retourner en arrière. Je veux aussi que tu aies confiance. Je ne ferai jamais rien contre nous. Je tenterai de nous protéger. Mais où sont les forces lumineuses?

Je ne vois que ténèbres. J'ai les pieds et les mains liés. Mais toi tu as ton destin, ta vie. Et j'en arrive à souhaiter pour toi les choses qui me blessent au plus profond. Où est la vérité?

Je ne sais plus. Et tout ce que je sais m'est intolérablement douloureux. Je n'ai rien à te donner, rien. Pas même moi[1]. Et il m'est enlevé le seul plaisir viril de l'amour: protéger. Tu es loin, à la merci des autres, des étrangers. Tu leur appartiens. Tu vis de leur vie. Vous

84

partagez vos matins, vos soirs. À quoi peut-il servir que je t'aime, que tu m'aimes? Notre étoile nous fuit.

Ma solitude ne m'a jamais paru plus désolée, plus inutile. Je n'ai plus de repos. Je dois nourrir chaque heure du jour pour qu'elle ne m'écrase pas. Et la nuit, je sombre. Ô mon petit, je m'étais fait un si beau rempart de dédain, d'indifférence et de dur isolement. Et cela prend des années, avec toutes sortes de luttes et de cris pour en arriver là. Et tu es venue. Et je flairais le poison[2]. Et j'ai pris le poison. Et tout est à recommencer.

Si je savais au moins que tu es heureuse, *que tu le seras*. Mon tourment vient de toi. Je me priverais avec joie de ta présence, de toi, de toi que j'aime, si cette privation pouvait t'apporter la sécurité, la paix. Mais... Mais n'as-tu pas, au bout de tes doigts, une toute petite lumière[3], un reflet de lumière pour nous guider? Moi seul, ça irait. J'ai l'habitude. Mais tu es en moi, je te porte. Et je ne sais plus rien que t'aimer.

Alain.

1. Ici je n'ai jamais compris ce «pas même moi», car il était célibataire et libre, tout comme moi. Mais jamais je n'avais parlé mariage et il n'était pas, que je sache, intéressé à une autre à ce moment-là.

2. Dans le poème intitulé «Au delà ces grandes étoiles...», on retrouve à peu près les mêmes mots: *Et je voyais tous les poisons dans ton amour / Et je voyais tous mes diamants dans tes poisons* (*Les Îles de la nuit*, dans *Poèmes*, p. 24).

3. Comme le dit cet autre vers: *N'étions-nous pas partis lestés d'étoiles étincelantes* («Le Feu gris...», *Les Îles de la nuit*, op. cit., p. 30).

[Télégramme expédié de Port-Cros,
le 19 novembre 1932]

MERCI POUR PHOTOS SOYEZ
SANS INQUIÉTUDE RETARD
COURRIER GROS TEMPS
ANNONCÉ MEILLEURES &
PROFONDES TENDRESSES
ALAIN

Samedi.
[19 novembre 1932]

Mon amour,

Le bateau, hier, n'est pas venu. Il est arrivé aujourd'hui, par gros temps. Il repart tout de suite. Je t'écris ce mot en courant.

J'ai reçu tes deux lettres, ta photo. Comment te remercier! Après tes lettres, j'ai eu envie de déchirer celle que je t'ai écrite hier, où je te laisse voir mon désarroi. Je te l'envoie quand même. Si tu savais comme je souffre! Ne m'envie pas une solitude qui par moment devient intolérable. Il faut se battre à chaque minute avec chaque souvenir, avec chaque rappel. Puis la troupe des images mauvaises surgit. Comment se défendre soi-même, et défendre son amour! Je voudrais tant, parmi tes attitudes fugitives, distinguer ton visage éternel.

Alain.

P.-S. — Ce qui m'avait tant plu (avec un t?), quand tu me parlais de ton «entrevue» avec Mgr., c'était les mots que tu lui disais: «Mon jeune amant!» Et je voyais son visage papelard, ses mains croisées sur son ventre, sa bouche immobile qui retenait les phrases onctueuses — la chair est faible — et ton visage de gosse, et ton enfantine diplomatie. Tu es si jeune, mon doux pigeon. Si jeune. Et j'aime chez toi ces coins intacts.

Je n'ai pas signé le «poème»[1] parce que le «poème» est à toi, vient de moi, et que chaque mot le signe. Et parce qu'il est inachevé.

---

1. Il s'agit du petit poème «Ô doux pigeon», reçu quelques jours auparavant.

DEUXIÈME POÈME INÉDIT

Lucienne.

Je veux t'écrire ce soir un poème du cœur
Je suis fatigué de la logique et des constructions
J'écris vite comme je peux et sans ordre aucun
étant las de ~~dé~~ presser les mots comme la meule le blé
voulant te donner les mots avec la terre et l'écorce
ceux qui craignent la nuque grasse du meunier
et ceux de la semaine rougissant de sortir le dimanche

Tu les garderas tous pour toi seule sans traduction
peut-être ne signifient-ils pas grand chose
mais c'est reposant d'écrire un poème avec les mots du cœur
ce qu'ils n'expriment pas tu le comprendras
comme si tu étais dans mes bras ta tête
sous mon menton tes yeux fermés
et le ventre et les cuisses et les genoux et tout le corps
éteint sous la belle fatigue d'avoir trop fait l'amour

Car c'est un poème du cœur avec
des mots du lundi au samedi
les uns sont trop nus ou trop habillés
les autres comme un troupeau de moutons   difficile
de distinguer celui-ci de celui-là
mais fermant les yeux on avale tout le troupeau
les plus mauvais même faisant le sang rouge

Il faut seulement fermer les yeux sans orgueil
alors les paupières closes voyant la montagne
dans une région fermée aux géographies
Voyant la montagne et le plateau dessus
avec le plateau peut-être une mare sous des saules
peut-être un bois avec des arbres d'automne
peut-être un chien qui aboie
peut-être dans les lointains des brumes légères et bleues
comme dans les tableaux florentins
peut-être le silence quand se lèvent les paumes de la nuit
peut-être tout ou rien de cela il n'importe
Tu as vu la montagne ça suffit
avec au bout du plateau la maison

C'est pour cela seul que je t'écris un poème du cœur
moi ce soir ici avec la mer tout autour
et l'ombre de la mer et du ciel et l'ombre
de ma main sur ce papier
l'huile brûlant doucement sous le globe de la lampe
et moi te portant doucement
peut-être gênes-tu parfois ma respiration
c'est pourquoi je lève un peu la tête pour respirer

La maison du plateau tu la vois
avec tes beaux yeux tristes de certains soirs
elle a la couleur du sol originel

des pierres non cimentées
les pierres des vraies maisons n'étant pas hostiles
s'appuyant l'une sur l'autre avec des mains d'amitié
la maison s'élève comme l'humble croissance de la terre
le toit n'atteignant pas la branche basse des grands arbres
sans étage mais une pièce unique
contenant le feu pour la nuit et le jour pour le jour
c'est la maison du cœur au bout du plateau
que reste-t-il à t'expliquer
portant tes yeux dans mes yeux
mais soulevant parfois mes épaules pour respirer
nous sommes un c'est l'essentiel

La maison au vrai cœur n'a qu'une porte pour entrer
la porte est ouverte sans battant
ouverte que pour entrer sans défense et sans retour
doux pigeon doux inutile de vouloir sortir
une forteresse est moins forte qu'une porte ouverte sans battant
personne ne s'en est jamais douté cependant
il se peut aussi que les saules promènent
des reflets mauves sur l'étang
ou que la forêt balance la tête rouge des chênes
ou que le chien jappe à la lune
ou que la brume se change en fantôme d'or
ou que la plus jeune étoile trouble le silence de la nuit
qu'importe tu as vu la vraie porte du cœur

Clos tes yeux tristes aussi pour la fenêtre
par là tomberont toutes les nuits douces
par là les jours clairs et les matins frais
par là l'automne et l'été et l'hiver et le printemps
— Que tourne la roue des saisons! —
parfois nous deux seuls à la fenêtre
suivant un petit nuage blanc sans presque bouger
suivant un vol d'oiseau avec le lent mouvement du cou
suivant le feu rose de la plus vieille étoile
les doigts joints les épaules collées
alors on veut croire que Dieu existe.

Tu vois les yeux clos la fenêtre du cœur
un jeune arbre est tout contre   frêle et jeune
on peut compter ses feuilles le soleil passe à travers
on voit dans le vent tendre les veines tordues comme
des pattes d'oiseau
les soirs de tempête il s'abat aux carreaux gémissant
le matin il s'égoutte comme une fleur
le soleil lui fait mal on va l'embrasser

Par la fenêtre on sort puis on rentre par la porte
c'est le cercle magique du cœur
c'est important ce n'est pas tout
Mes yeux dans tes yeux tu as vu la montagne et
le reste et ce cercle et nous deux
dans le cercle au cœur   attends

Clos encore tes yeux parce qu'il faut voir encore
dans la plus grande ombre de la pièce

le seul vrai lit secret du cœur
avec tes bras et mes bras et tes jambes et mes jambes
et tes mains descendant le long de ma poitrine
et mes mains montant le long de tes genoux
Clos tes yeux pour nos doigts pleurant de joie
sur nos ventres attentifs et doux
pour nos mains charnelles guettant le premier frisson
ah bientôt toi fontaine ouverte et moi
fiévreux emportement
Clos tes yeux mon amour   clos tes yeux pour
mieux voir
    ce cœur éternel en délire   que le silence soit parfait
nous sommes seuls vivant dans un monde endormi
et voici le moment où ta chair vivra par ma chair
et nous voici roulant sur la plus belle houle de la mer
nous voici roulant aux surfaces et profondeurs
et nous voici plongeant jusqu'aux racines du sang
et nous voici les yeux durs comme des pierres criant
mille cris muets
Roulons roulons toutes les houles de la chair
brûlons brûlons jusqu'aux os ce splendide incendie
plongeons plongeons jusqu'aux ténèbres du cœur
et clos tes yeux plus encore mon amour
clos tes yeux comme des portes de fer
pour mieux voir le fond du vrai cœur
où tremble cet amour sombre et sacré.
    Alain.

Dimanche.
[20 novembre 1932]

Lucienne,
doux doux pigeon

Je veux t'écrire ce soir un poème du
        coeur
Je suis fatigué de la logique et des
        constructions
J'écris vite comme je pense et sans ordre
        aucun
étant las de presser les mots comme la
        meule de blé
voulant te donner les mots avec la terre
        et l'écorce
ceux qui craignent la nuque grasse du
        meunier
et ceux de la semaine rougissant de
        sortir le dimanche

Tu les garderas tous pour toi seule sans
        traduction
peut-être ne signifient-ils pas grand'
        chose
mais c'est reposant d'écrire un poème
        avec les mots du coeur
ce qu'ils n'expriment pas tu le
        comprendras
comme si tu étais dans mes bras ta tête
sous mon menton tes yeux fermés

95

et le ventre et les cuisses et les genoux et
    tout le corps
éteint sous la belle fatigue d'avoir trop
    fait l'amour

Car c'est un poème du coeur avec
des mots du lundi au samedi
les uns sont trop nus ou trop habillés
les autres comme un troupeau de
    moutons   difficile
de distinguer celui-ci de celui-là
mais fermant les yeux on avale tout le
    troupeau
les plus mauvais même faisant le sang
    rouge

Il faut seulement fermer les yeux sans
    orgueil
alors les paupières closes voyant la
    montagne
dans une région fermée aux géographies
Voyant la montagne et le plateau dessus
avec le plateau peut-être une mare sous
    des saules
peut-être un bois avec des arbres
    d'automne
peut-être un chien qui aboie
peut-être dans les lointains des brumes
    légères et bleues
comme dans les tableaux florentins
peut-être le silence quand se lèvent les
    paumes de la nuit

peut-être tout ou rien de cela il
      n'importe
Tu as vu la montagne ça suffit
avec au bout du plateau la maison

C'est pour cela seul que je t'écris un
      poème du coeur
moi ce soir ici avec la mer tout autour
et l'ombre de la mer et du ciel et l'ombre
de ma main sur ce papier
l'huile brûlant doucement sous le globe
      de la lampe
et moi te portant doucement
peut-être gênes-tu parfois ma
      respiration
c'est pourquoi je lève un peu la tête pour
      respirer

La maison du plateau tu la vois
avec tes beaux yeux tristes de certains
      soirs
elle a la couleur du sol originel
des pierres non cimentées
les pierres de vraies maisons n'étant pas
      hostiles
s'appuyant l'une sur l'autre avec des
      mains d'amitié
la maison s'élève comme l'humble
      croissance de la terre
le toit n'atteignant pas la branche basse
      des grands arbres
sans étage mais une pièce unique

contenant le feu pour la nuit et le jour
        pour le jour
c'est la maison du coeur au bout du
        plateau
que reste-t-il à t'expliquer
portant tes yeux dans mes yeux
mais soulevant parfois mes épaules pour
        respirer
nous sommes un c'est l'essentiel

La maison du vrai coeur n'a qu'une
        porte pour entrée
la porte est ouverte sans battant
ouverte que pour entrer sans défense et
        sans retour
doux pigeon doux inutile de vouloir
        sortir
une forteresse est moins forte qu'une
        porte ouverte sans battant
personne ne s'en est jamais douté
        cependant
il se peut aussi que les saules promènent
des reflets mauves sur l'étang
ou que la forêt balance la tête rouge des
        chênes
ou que le chien jappe à la lune
ou que la brume se change en fantôme
        d'or
ou que la plus jeune étoile trouble le
        silence de la nuit

qu'importe tu as vu la vraie porte du
      coeur

Clos tes yeux tristes aussi pour la
      fenêtre
par là tomberont toutes les nuits douces
par là les jours clairs et les matins frais
par là l'automne et l'été et l'hiver et le
      printemps
— que tourne la roue des saisons! —
parfois nous deux seuls à la fenêtre
suivant un petit nuage blanc sans
      presque bouger
suivant un vol d'oiseau avec le lent
      mouvement du cou
suivant le feu rose de la plus vieille étoile
les doigts joints les épaules collées
alors on veut croire que Dieu existe

Tu vois les yeux clos la fenêtre du coeur
un jeune arbre est tout contre   frêle et
      jeune
on peut compter ses feuilles le soleil
      passe à travers
on voit dans le vert tendre les veines
      brunes comme des pattes d'oiseau
les soirs de tempête il s'abat aux
      carreaux gémissant
le matin il s'égoutte comme une fleur
le soleil lui fait mal ou va l'embrasser
Par la fenêtre on sort puis on rentre par
      la porte

c'est le cercle magique du coeur
c'est important ce n'est pas tout
Mes yeux dans tes yeux tu as vu la
      montagne et
le reste et ce cercle   et nous deux
dans le cercle du coeur   attends

Clos encore tes yeux parce qu'il faut
      voir encore
dans la plus grande ombre de la pièce
le seul vrai lit secret du coeur
avec tes bras et mes bras et tes jambes et
      mes jambes
et tes mains descendant le long de ma
      poitrine
et mes mains montant le long de tes
      genoux
Clos tes yeux pour nos doigts pleurant
      de joie
sur nos ventres attentifs et doux
pour nos mains charnelles guettant le
      premier frisson
ah bientôt toi fontaine ouverte et moi
fiévreux emportement
Clos tes yeux mon amour clos tes yeux
      pour mieux voir
ce coeur éternel en délire   que le silence
      soit parfait[1]
nous sommes seuls vivant dans un
      monde endormi

et voici le moment où ta chair vivra par
    ma chair
et nous voici roulant sur la plus belle
    houle de la mer
nous voici roulant aux surfaces et
    profondeurs
et nous voici plongeant[2] jusqu'aux
    racines du sang
Et nous voici les yeux durs comme des
    pierres criant mille cris muets
Roulons roulons toutes les houles[3] de la
    chair
brûlons brûlons jusqu'aux os ce
    splendide incendie
plongeons plongeons[4] jusqu'aux
    ténèbres du coeur
Et clos tes yeux plus encore mon amour
clos tes yeux comme des portes de fer
pour mieux voir le fond du vrai coeur
où tremble cet amour sombre et sacré

                      Alain.

---

1. Voir «Que la nuit soit parfaite...», *Les Îles de la nuit*, dans *Poèmes*, p. 60.
2. Voir «Noces», *L'Étoile pourpre*, op. cit., p. 209: *Nous plongeons à la mort du monde / Nous plongeons à la naissance du monde.*
3. Voir «Le Sourire», *L'Étoile pourpre*, op. cit., p. 204: *Ces houles moirées de la mer / Qui nous prendront plus tard.*
4. Voir la note 2.

Mardi.
[22 novembre 1932]

Lucienne,

Je viens de recevoir tes lettres. Je les ai lues à la course. Je ne puis te répondre tout de suite, le bateau repart à l'instant. Je t'écrirai ce soir.

Tu touches enfin le noeud du problème. C'est ce qui a empoisonné les derniers jours que nous avons passés ensemble. Je savais que le moment viendrait où...

Je m'étonne que tu n'aies pas vu alors ce qui me torturait. Ou bien avons-nous caché soigneusement, tous les deux, ce qui pouvait nous faire trop mal. Nous avons peut-être eu tort. Il eût mieux valu que nous tentions de voir clair l'un avec l'autre, avec les mêmes yeux. De loin, les mots prennent parfois de fausses significations, et blessent à faux.

Mais comment peux-tu douter de mon amour, ma Lucienne? Mes jours et mes nuits sont pleins de toi. Et je n'ai jamais eu tant besoin de toi.

Et si tu savais comment un «homme fort» peut être faible. Et sans défense, et muet comme un enfant effrayé. À ce soir. J'embrasse tout de toi.

Alain.

Mardi soir.
[22 novembre 1932]

Lucienne,

Il n'y a rien, dans ce que je vais t'écrire, que tu ne saches déjà. Tu m'as questionné, je réponds, et au meilleur de ma connaissance, comme disent au témoin les juges d'instruction. Ces questions-là, sous d'autres formes et dans d'autres moments, tu me les as posées, ou tout au moins indiquées. Mais toutes ne peuvent se satisfaire d'un oui ou d'un non.

Tu me demandes d'abord si je t'aime. J'aime autant te dire tout de suite que cette première question m'a attristé, et qu'il me semble que tu n'aies pas beaucoup réfléchi avant de l'écrire. Je sais que tous les amoureux la posent. Mais ils disent «M'aimes-tu» avec le sens de «Je t'aime». Le ton que tu emploies est plus grave, et tu ajoutes «vraiment»... Mon tout petit, je ne sais pas si je t'aimerai dans dix ans ou dans vingt ans, mais je puis te dire qu'aujourd'hui une chose m'habite et me torture, et c'est l'existence en moi de cet amour dont tu doutes. Je dois t'avouer au surplus que j'ai pris un peu de temps à l'admettre. À Cannes, je ne pensais à rien, il y a eu cette pente, cette descente vertigineuse, qui enveloppaient tout. À ton départ, seul, j'ai vu. On commence à voir quand on commence à souffrir seul, et non quand on souffre à deux. Et puis il y a eu Port-Cros, et toi. Et déjà tu étais au fond de moi. Aujourd'hui, mon Dieu... Comment peux-tu, puisque tu m'aimes, ne pas voir que je t'aime!

Maintenant, le *noeud*. J'ai lu ta lettre, comme tu me l'avais demandé, avec mon coeur. Mais il me faut bien te répondre autrement. Nous sommes dans une impasse, qui n'a rien à voir avec le coeur. Nous sommes devant des faits. Si je te parle rudement, et crûment, n'accuse que les circonstances et la vie. Je ne puis tout de même exposer une situation qui me blesse, et qui te blesse, avec des mots tendres.

Un être normal qui aime désire et veut la possession intégrale de l'être aimé. C'est la loi légendaire du monde. C'est la plus ancienne et la plus forte. Je n'échappe pas à la loi. Je t'aime. Mais c'est aussi parce que je t'aime que je ne t'ai jamais demandé de te conserver *jalousement* pour moi[1]. Si j'ai retenu mon élan, c'est que certaines raisons me le commandaient. Et ces raisons, je te les ai répétées cent fois. Si tu avais été libre matériellement, je te l'aurais demandé, je l'aurais *exigé*. C'est le droit de l'amour. Mais tu n'as rien, et je n'ai rien. Je ne peux même pas t'offrir la pauvreté. La pauvreté, c'est encore se nourrir, se vêtir, se loger, vivre enfin. Mais comprends donc que je ne sais pas ce que je ferai dans trois mois. Je n'ai pas peur de la réalité, je la vois. Et l'amour n'a pas que des droits. *Je ne peux pas*, dans les conditions présentes, *je ne dois pas* tenter d'influencer en quoi que ce soit la courbe de ta vie. Ce serait une faute, la plus grave. Parce que je n'ai rien à t'offrir en échange de ce que tu m'apporterais. Je ne pourrais pas te garder, comprends-tu? Je m'en vais à l'aventure pour voir, essayer, trouver peut-être. Mais si l'aventure tourne mal!...

Mais tu sais tout cela, tu connais tout cela, pourquoi retournes-tu toujours ce fer dans cette plaie[2]? Tu sais bien que je ne puis songer à accepter les sacrifices que tu me proposes! Pourquoi me forcer à refuser ce que ma folie, dans les moments de faiblesse, retient et appelle?

Quoi que tu fasses, je comprendrai. Je souffrirai un peu plus, cela me concerne. Mais je souffrirais davantage de me sentir impuissant devant ta privation et ton dénuement.

Mais il faudra que tu m'aides. Mes forces ont des limites. L'espoir pour nous, mon petit, je ne sais pas. Les rêves nous fuient sans cesse. Et cet espoir qui gîte tout au fond de moi, je n'ose le formuler.

Je t'embrasse. C'est encore mon droit.

Le droit d'amour!

Alain.

1. Dans le poème «Que la nuit soit parfaite...» (Les Îles de la nuit, dans Poèmes, p. 60), Alain écrit Et cette soif de souffrir. Ici il prouve bien ce besoin de se créer des raisons de souffrir — caractéristique de tous les poètes. Alain savait bien, pourtant, que je lui étais fidèle, ce qui n'est guère difficile quand on aime sincèrement, et jusqu'à l'aveuglement...

2. Alain reprit ce reproche — si injustifié — dans «Les Mains coupées...», poème qu'il rédigea plus tard, rue Racine, juste avant mon départ pour le Canada, en janvier 1933: Où ce dur couteau dans tes mains / [...] / Si ce fer doit me laisser nu (op. cit., p. 34-35).

Jeudi. Soir.
[24 novembre 1932]

Lucienne,
mon doux pigeon doux

Aujourd'hui encore, le bateau n'est pas venu. Hier, il ne m'apportait rien de toi. Dans la soirée, j'ai reçu ton message. J'attends toujours la photo promise, des lettres. Ce soir, il souffle un vent d'Apocalypse. Le Mistral, le vrai. On imagine que tout va crouler. Et je songe avec pitié aux orgues de cinémas.

Je travaille. Et plus je travaille, plus je vois s'allonger, reculer la fin de ce cauchemar. Je regrette maintenant d'avoir tout brûlé. Ce que je fais est aussi médiocre. J'ai parfois envie de tout faire sauter, de fuir. Alors je cours jusqu'au manoir. Puis je reviens à ma table, docile, résigné. Et je me remets à écrire avec application des niaiseries sur le haut baron du Bois d'Avaugour, le petit Algonquin Atouta, la belle Madame de Frontenac, le bienheureux de Brébeuf, la traite des fourrures, le traité de Saint-Germain, la baie d'Hudson, les filles du Roy, les castors, bref, sur tout ce qui a préparé jadis le glorieux avènement de la remarquable génération des jeunes mâcheurs de gomme — Wrigleys ou Chiclets — qui font actuellement l'orgueil et la joie des foyers canadiens.

Mes gencives se calment un jour, puis me donnent le diable le lendemain[1]. Elles me fournissent depuis une semaine l'agrément de ce jeu précis et méthodique, et si j'étais ramolli, j'en ferais un système infaillible à l'usage du baccara. Touchons du bois, pour éviter le spectre de la chaise à roulettes. Et jurons le saint nom de Dieu dans sept langues, ce qui a pour effet d'adoucir la rigueur des destins. (Du moins, c'est un marin portugais qui me l'a affirmé, à Braga, par un petit matin froid d'avril 1931, alors que je n'avais pas mangé depuis deux jours.)

À propos de gencives — c'est un sujet si intéressant — je dois te dire que Madame Balyse[2], ayant eu vent de mes souffrances, est venue m'offrir un certain astringent, merveilleux, paraît-il. Comme je l'en remerciais, étant d'un naturel plutôt poli avec les dames (quand toutefois je ne les viole pas), elle s'est assise près de moi, puis a profité de la conversation que nous avions engagée pour me raconter l'histoire véridique et complète de sa vie. Par timidité, je n'ai pas cru devoir prendre de notes. Mais j'ai tout, tout retenu. Et un jour — ou une nuit — où nous n'aurons plus rien à nous dire, je te servirai fidèlement cette tranche de beauté et d'amour. En somme, elle est sympathique. Et elle s'exprime d'une façon suave, ainsi que les personnages des romans d'Octave Feuillet — éditions expurgées pour personnes pieuses — et avec la voix de cette actrice, dont j'ai naturellement oublié le nom, qui joue *Aimer* de M. Paul Géraldy, les soirs de pluie, à l'illustre Comédie-Française.

Je n'ai revu ni Olive ni Pépin[3]. Parce que tu l'aimais, je m'attendrirais peut-être sur Olive, qui ne le mérite pas. Quant à Pépin, je le bousculerais parce que tu ne l'aimais pas. Et tout cela serait d'une monstrueuse injustice. Je vois encore cette chenille qui avançait, avançait…

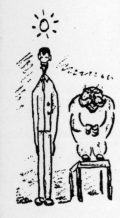

Ozenne est revenu hier, remorquant son petit-fils. Le petit-fils mesure environ 1 mètre 92. Comme il est encore plus maigre que moi, et que j'adore humilier ces jeunes «greluchons qui se croient tout permis», je me suis donné l'ultime satisfaction de faire des effets de torse, de reins, etc. Mais ce matin le greluchon m'a dit: — C'est bizarre, il me semble qu'il y a deux ans vous étiez moins… hem… fatigué, enfin plus, comment dire, plus... plus... costaud. Le pauvre bafouillait. Car c'est aussi un jeune homme bien élevé. Et j'ai cessé mes effets de torse, de reins, etc.

Le capitaine poète[4] néglige de plus en plus son service. Je sens venir le temps où il ne viendra que dans les années bissextiles, le 29 février. Sa garçonnière l'occupe et le préoccupe. Il m'a dit hier: «C'est très joli, Monsieur, une garçonnière, très joli, mais ça ne va pas, non, non, c'est pas ça, ça ne va pas...

— Qu'avez-vous, capitaine, m'écriai-je, qu'avez-vous?

— Eh bien, Monsieur, me répondit-il, jetant un regard circulaire sur les alentours et baissant prudemment la voix, eh bien je m'aperçois que pour goûter pleinement les délices d'une garçonnière, il faut être garçon...

— M. de La Palice n'aurait pas trouvé mieux, capitaine.

— C'est encore un écrivain, ce M. de La Palice, m'a-t-il demandé, déjà flatté?

Je n'ai pas eu le courage de le détromper. Je lui ai même raconté que c'était un des plus grand poètes du XVIe siècle. Alors il m'a dit qu'il fouillerait son *Larousse* le soir même.

«Vous ne trouverez rien dans *Larousse*, répondit vivement Tit-Lin.

Ce grand poète a été victime d'une cabale effroyable. On l'a écrasé, ignoré. *Larousse* ne mentionne que ce La Palice qui a été tué à la bataille de Pavie, et qui était le père du grand. Et encore, on a même fait des chansons sur lui, par vengeance. La jalousie, vous savez...»

Et je me suis étendu longuement sur la jalousie qui règne, à l'état endémique, dans le gendelettre.

J'aimerais bien que tu me fasses parvenir cette *Bible*[5] dont tu m'as parlé. Un peu de sa lecture me reposerait des nourritures grossières que je dois assimiler ces temps-ci pour me garder dans l'atmosphère des coureurs de bois, nos aïeux, dont je retrace péniblement la vaine épopée. La Bible est d'ailleurs le bouquin le plus poétique qui soit. (En exceptant, bien entendu, les ouvrages de l'ex-belle-soeur de ta chère amie Lulu[6].) Mais avant de me l'envoyer, ferme les yeux, ouvre-la au hasard, puis tu indiqueras, par un trait au crayon, la page — que tu pourras même lire — où tes doigts se seront posés. C'est une vieille coutume saxonne. Mais il ne faut pas tricher, ni s'y reprendre à deux fois.

Et voici la rubrique des faits extraordinaires qui se sont passés à Port-Cros depuis ton départ. Je suis très las.

Embrasse-moi. Encore. Et ne pleure pas, doux doux pigeon. C'est tellement inutile.

Alain.

Page 110: croquis original d'Alain Grandbois, reproduit tel qu'il se trouve dans sa lettre, dans la marge de gauche. [Note de l'éditeur.]

1. Voir plus haut la lettre du 16 novembre 1932, et la note 2, p. 82-83.

2. Cette madame Balyse doit être la même qu'il décrit si avantageusement dans *Visages du monde*. Durant mon séjour à Port-Cros, je n'ai jamais vu cette personne; Alain, comme tout écrivain, aimait parfois fabuler et souriait lorsqu'il constatait que je n'en étais pas dupe...

3. Olive et Pépin, ainsi nommés par Alain, étaient deux petits singes encagés que le capitaine avait ramenés d'un voyage en Afrique (voir plus haut, p. 15). Nous allions tous les jours leur donner à manger; Pépin volait toujours la part d'Olive...

4. Le capitaine Ozenne était le passeur de la vedette qui nous amenait d'Hyères à l'île de Port-Cros, sur un petit bateau vermoulu qui n'avait qu'une cabine sans hublots pour abriter les passagers.

5. À mon grand étonnement, je ne vis pas de Bible parmi les livres d'Alain à Port-Cros et, quand il avoua n'en avoir jamais possédé, je promis de lui donner la mienne. Et, bien des années plus tard, lors d'une entrevue où on lui demandait les titres de ses livres préférés, il mentionna en premier lieu la Bible, celle que je lui avais envoyée à Port-Cros.

6. Ma très belle amie Lulu avait épousé en premières noces un capitaine de l'armée canadienne. Ainsi s'était établi un lien de parenté avec la belle-soeur écrivain, auteure d'un recueil de poèmes dans lequel tout Québec avait pu reconnaître... Alain Grandbois.

Vendredi. Soir.
[25 novembre 1932]

Lucienne,

J'ai reçu ta photo. Je l'ai mise sur ma table. Elle est là seule. Tu es seule aussi dans ma pensée, et au centre de mon coeur. Mais tu me fais souffrir comme si vous étiez mille.

Je ne sors plus du tout. Je ne suis retourné ni à la Vigie, ni à Port-Mans. Je travaille jusqu'à ce que la fatigue m'assomme. Et je possède peu de souffle. C'est encore trop lent. J'imagine que je n'étais fait que pour flâner, rire, goûter les heures les unes après les autres, auprès d'une femme aimée. La femme aimée, c'est toi[1]. Mais tu es si loin, si loin.

Le Mistral s'est tu. Il n'y a plus que le léger clapotis de la mer. Je l'entends en ce moment, qui me parle de toi, des jours passés, des jours perdus à jamais. Et toi, où es-tu, que fais-tu? Il est onze heures. Le monde est mort.

Il y a quinze jours, c'était notre dernière nuit. Tu étais près de moi, vivante, ardente, folle. On s'attristait, puis on oubliait. Nous étions riches! Et voici que ce soir, mes mains tendent inutilement vers toi. Mes mains sont vides.

Le bonheur ne m'aime pas.

Alain.

P.-S. — Je laisse pousser ma barbe.

---

1. Ce sont des affirmations de ce genre auxquelles je m'accrochais pour croire à son amour. Dans nos moments de confidences, il m'avait déclaré avoir aimé deux femmes avant moi: l'une à Québec, et l'autre à Londres. Il ne voyait presque plus la première depuis qu'il habitait la France, et la seconde, très riche, avait refusé de quitter mari et enfants pour le suivre. Sans cesse, il me répétait: «Toi, tu es la femme aimée de ma vie».

Dimanche.
[27 novembre 1932]

Lucienne,

Ainsi, tu t'étais trompée sur la valeur de ma «force». Je regrette de ne t'avoir pas fourni avant ces derniers jours cette marque de pauvreté, de faiblesse. Tu serais aujourd'hui moins *amèrement* déçue. Je t'avais cependant prévenue que tu t'illusionnais sur ma modeste personnalité. Tu me donnes maintenant raison.

C'est que tu commences simplement à me voir tel que je suis.

Seulement, tu oublies une chose. Si j'avais possédé ces brillantes qualités dont tu constates chez moi l'absence, il est extrêmement certain que nous ne nous serions jamais rencontrés à Paris, Cannes ou Port-Cros. Je serais quelque part dans le monde *où l'on fait des affaires*. Selon toutes probabilités, je serais même riche. Et j'aimerais les chiffres et les villes, les automobiles, les théâtreuses, le Ritz, et je fréquenterais les ministres et les bordels chic, je serais marié depuis un lustre et j'aurais un enfant snob, et je b... toutes les femmes, excepté la mienne. En somme, je serais un monsieur honorable et respecté, dans le genre de ceux dont on dit qu'ils possèdent des ambitins et qu'ils aiment la vie.

Or, il arrive précisément que moi, je n'aime pas la vie. Que je m'en évade le plus possible. Que je fuis les hommes en général parce que je les méprise, et que je me fuis moi-même pour la même raison. De sorte que lorsqu'il me fut donné de choisir entre diverses carrières, puisque nous vivons dans une époque où il faut apparemment faire quelque chose[1] — je me suis toujours demandé pourquoi d'ailleurs —, j'ai choisi celle qui me paraissait devoir me donner le plus de facilités à éviter le contact des hommes, mes chers semblables, et à oublier le plus possible le sentiment de ma propre existence. — Les conditions sont aujourd'hui différentes. Je suis pris au dépourvu. Il faudra bien faire quelque chose. Mais je ne puis décider de cela ce soir. Alors...

Tu me parles aussi de luttes et de batailles. C'est très joli. Mais pour se battre, il faut se trouver vis-à-vis de quelque chose de défini, de saisissable. Faute de mieux, Don Quichotte avait trouvé les moulins à vent. Mais pourquoi répéter l'histoire. Le temps du monde fini commence (dixit Valéry).

D'ailleurs, je ne puis m'empêcher de te dire que tu es injuste. J'ai toujours cru qu'aimer signifiait autre chose que de faire de grands gestes. Oh! je sais qu'il est puissamment romantique de tout chambarder, de couper tous les ponts derrière soi[2], de hurler sa passion sur le toit de l'Opéra, de se rouler tout nu sur le parquet de la chambre, de bondir sur les places publiques, un poignard dans les dents et deux revolvers aux poings, d'assassiner au besoin le frère et la tante, la grand'mère et la bonne d'étage, le neveu du concierge et la nièce du pape, bref d'agir comme un fou furieux. Et je sais aussi que les femmes appellent ça des preuves d'amour. Mais comme les femmes réfléchissent peu, et qu'elles ne voient que l'ampleur du geste, elles ne s'aperçoivent pas que le fou furieux n'aime que son adorable soi-même. (Je veux dire qu'elles ne s'en aperçoivent pas tout de suite. Mais le jour vient...) Aussi dois-tu m'excuser si je possède de l'amour des conceptions beaucoup plus humbles. Mais que je crois plus justes.

Dans le cas qui nous occupe, je n'ai pas voulu, de crainte de me tromper, exercer sur toi une influence qui eût pu, si plus tard les événements s'étaient montrés défavorables, te blesser, te nuire, et ne te laisser que des regrets. Je t'ai laissée libre.

Et si tu voulais te donner la peine d'examiner cinq minutes nos positions respectives, *si tu te mettais à ma place* pour un moment, peut-être finirais-tu pas comprendre que ce que tu appelles un manque de force n'est après tout qu'un modeste essai à vouloir observer, dans une certaine mesure, un minimum de justice et de loyauté. Mais tu ne le veux pas.

Si je n'avais écouté que moi, si je n'avais pas pensé à toi, tu m'adorerais. Maintenant tu me méprises[3], tu me crois lâche. La vie est si bizarre qu'elle vaut la peine d'être vécue. Pour quelque temps. Car les trop longues plaisanteries deviennent intolérables.

Alain.

---

1. Je n'ai pas souvenir de ce qui, dans mes lettres de novembre, avait pu provoquer une si véhémente et cynique réponse. Il est vrai que, forte de l'amour qu'il me manifestait, je l'ai constamment exhorté à travailler, à écouter ce génie qui l'habitait puis à faire paraître les poèmes qui étaient prêts. J'ai même offert de lui prêter quelques milliers de francs pour faire éditer à compte d'auteur un premier recueil. Son refus catégorique et violent me découragea...

2. Ne m'avait-il pas lui-même proposé de fuir avec lui au Caire (voir lettre du 25 septembre 1932, p. 35 et note 4, p. 39)?

3. Je n'ai jamais, jamais méprisé Alain, même après que nous eûmes cessé de nous voir.

Mercredi.
[30 novembre 1932]

Lucienne,

Je sombre dans le plus noir cafard. Rien n'existe plus. Je vis dans l'ombre, derrière le mur, comme un crustacé. Je ne bouge pas, c'est la crise.

Je ne vois plus rien ni personne. Ton visage n'est plus vivant. Tu es devenue anonyme. Sauf aux moments où la souffrance se fait plus aiguë. Alors je te vois, lointaine et détachée. Tu es passive, tu donnes à qui insiste, demande. Tu es l'étrangère.

Je sais qu'il te faut une présence[1] matérielle, physique. Tu vis au gré des jours et des êtres. Tes sens te conduisent[2]. Tu as une mentalité d'homme. L'amour d'un côté, le lit de l'autre, si l'amour n'est pas là. Et le lit détruit lentement l'amour.

Je suis à bout de force. Il vaudrait mieux que nous ne pensions plus l'un à l'autre en tant qu'amants. Trop de forces s'érigent entre nous. Pourquoi résister? Et rendre les armes aujourd'hui ou demain...

120

Séparons-nous. C'est le seul geste que nous puissions faire qui ne soit complaisant, veule, ou contre les lois. Celles de la vie. Et celles auxquelles tu t'es depuis longtemps soumise. L'ennemi est en toi[3], au creux de ta chair. Ces libertés que tu t'es toujours octroyées t'ont enchaînée à jamais.

Et je ne puis être ton maître.

Alain.

Port-Cros,
décembre 1932

[Télégramme expédié de Port-Cros,
le 1ᵉʳ décembre 1932]

[à Lucien(ne) ... — 10 rue LaMotte-
Picquet   Paris 104]

**CHEER UP AND BE BRAVE KEEP
TEARS FOR WORST DAYS DONT
FORGET SPRING ALWAYS COMES
BACK LOVE
ALAIN**

Jeudi. Nuit.
[1er décembre 1932]

Lucienne,

La tempête rage sur l'Île. On ne voit pas à cinq mètres. Les vents viennent de l'est, frappent la montagne, rebondissent sur la baie. La mer, la pluie, tout hurle. On se sent perdus. Au bout du monde. Au commencement du monde. Je regarde ta photo. Tu es lointaine, irréelle, inexistante. Tu m'as abandonné. Et ce soir, demain…

L'amère joie de la solitude ne me grise plus. J'avais mon orgueil. Tu me l'as enlevé. Tu m'as tout enlevé. Ces forces que l'on cultive patiemment, ces besoins que l'on chasse, ces désirs que l'on tue, ce coeur que l'on assèche, tout, tu m'as tout pris[1]. Jusqu'à cette pénible estime de *soi-même conservée jalousement* pour les temps les plus difficiles. Je suis nu dans la tourmente. Et je cherche quelque chose autour de moi pour m'y accrocher, je cherche avec des mains d'aveugle.

Cette nuit je suis entré dans ta chambre, j'ai ouvert la porte qui communique. Ton odeur est disparue. Tu

126

n'est jamais venue. Où es-tu? Dans quels rêves, dans quels bras? Pour qui souris-tu, pour qui pleures-tu[2]?

Ce n'est pas le désespoir. Le désespoir est vivant. Je m'agite parmi des formes éteintes. N'y a-t-il plus que le vent, la pluie, la nuit?

N'y a-t-il pas quelque part un trou, entre deux murailles, où l'on peut oublier, oublier. Où l'on ne résiste plus!

Alain.

---

1. Ne lui avais-je pas tout donné, moi aussi?
2. Pour qui, pour quoi pouvais-je pleurer, sinon sur notre cruelle séparation?

Vendredi midi.
[2 décembre 1932]

Lucienne,

Voici que je ne sais plus compter les
jours. Je croyais qu'aujourd'hui était
samedi. Hier, à six heures, je t'ai adressé
un message. À la même heure, tu m'en-
voyais le tien.

Je suis si malheureux, si malheureux,
mon petit.

Je viens de recevoir tes lettres de lundi
et mardi. Ton «vieil ami» (G., je sup-
pose)[1] a dû te dire des choses peu aima-
bles sur mon compte, puisque tu ne me
les répètes pas. Mais un peu plus, un
peu moins…

Tu prêches un converti. Je sais depuis
longtemps que les temps ne sont plus au
«grand seigneur». Mais tu t'illusionnes
sur les possibilités de gagner son pain
avec sa plume. Ils sont cent mille qui
crèvent de faim. Les autres sont des
gens «en place», qui pérorent et jugent.
Et quelques-uns ont même du talent.
Mais ils ont oublié — et je ne parle pas
seulement des gens de lettres — toutes
les intrigues, les protections, les avilis-
sements, les prosternations, les flatte-

ries, les bassesses auxquels ils ont dû se soumettre pour en arriver *là*. Ils ont oublié ou feignent d'avoir oublié. C'est pourquoi, et depuis longtemps, que j'ai choisi de partir.

Je ne sais pas ce que l'avenir nous réserve, à nous deux. Ou j'ai peur de le savoir. Tous sont contre nous[2]. Ils finiront par te convaincre. Peut-être ont-ils raison. C'est ainsi que vont les choses. Dans son fauteuil de cuir, le bourgeois est le maître. Il possède aussi les éditions de luxe de Verlaine, dont il s'enchante. Mais il l'a laissé crever à l'hôpital comme un chien. Ça n'a aucune importance d'ailleurs. La vie est courte. Il ne faut pas trop penser à soi.

Alain.

---

1. Comment pouvait-il deviner que ce «vieil ami» (de ma mère) était cet «ennemi intime», dont les calomnies furent si nuisibles à notre amour qu'il enviait tant (voir plus haut, p. 13)? Ici le «G.» n'a pas plus d'importance que le «Y.» qui désigne la femme qui le poursuivit partout en Europe. Une Canadienne de Québec.

2. Ici, il avait raison: tout mon entourage se coalisait contre moi et tentait par tous les moyens de me séparer d'Alain.

Dimanche.
[4 décembre 1932]

Lucienne,

C'est le *4*. Je voulais t'envoyer un message. Ce jour *nous* appartient[1]. Quoi qu'il arrive. Mais la poste ne marche pas. Il pleut, avec du vent. Il y a un mois, tu étais dans mes bras.

Il y a huit jours que je n'ai pas dormi. Il m'a été impossible de travailler. Une série de cauchemars, dans la fièvre, l'angoisse, le doute. La foi m'a abandonné. Tu es trop vivante[2] pour moi. Cette dernière nuit a été épouvantable. Samedi. Je ne t'en veux pas, tu n'es pas responsable.

Mais j'ai fait mon effort. Maintenant, je laisse tout aller. Je ne suis pas un saint. Cette lettre de rupture que je t'ai écrite, peut-être t'a-t-elle rejetée vers l'autre[3]. Je croyais qu'il était de mon devoir de te l'écrire[4]. Je n'en ai pas encore eu de réponse. Je ne sais pas ce que demain m'apportera. Je veux encore croire que tu as su résister. Avec tes seules forces, ton seul amour. Autrement, quelle misère pour nous. Je ne pourrais plus jamais te revoir.

Je ne sais plus rien qu'une chose.
Je t'aime.

                                        Alain.

---

1. Ce quantième — le «4» du mois — avait une grande importance, puisque c'est le 4 septembre que tout avait commencé. Aussi fus-je un peu étonnée lorsqu'il m'envoya le numéro «3» de son livre *Né à Québec.* Déjà, au début de 1933, il ne s'en souvenait donc plus?

2. On remarquera combien de fois dans ses lettres il me fit ce reproche.

3. Il s'agit de la lettre du 27 novembre 1932 (p. 116 et suiv.). Depuis le 4 septembre — et même bien avant —, il n'y avait plus «d'autre» dans mon coeur. J'avais aboli tout ce qui se rapportait à un passé déplaisant; Alain le savait, pourtant...

4. Cette lettre m'attrista vraiment beaucoup mais je mis sur le compte de son isolement, dans une nature coléreuse ce retour vers l'oubli que procure l'alcool à certains êtres.

Mardi. Midi.
[6 décembre 1932]

Lucienne,

Je reçois cinq lettres à la fois. La plus ancienne est datée de jeudi, minuit. Et il y a les autres... Mon petit, mon petit!

Mais comment n'as-tu pas reçu celles que je t'ai adressées poste restante[1]? L'incertitude me tourmente trop. Je t'enverrai tout à l'heure un télégramme chez toi. Le recevras-tu? Et ne déchaînera-t-il pas quelques nouvelles tempêtes[2]? Je préfère encore cela à l'idée que tu me parais avoir que je ne t'aime pas, que je ne t'aime plus. Qu'on puisse même formuler que je me moque de toi! Mon amour, comment pourrais-je? Ah! si tu connaissais mes jours, mes nuits ici, depuis que je sais qu'*on* va venir, qu'*on* arrive[3]...

La menace de l'avenir m'avait entraîné loin du présent. Et voici que le présent se montre aussi riche en cauchemars, en détresse puissante et folle. Et je me sens enfoncer, couler à pic.

Je ne te pardonnerais pas d'avoir un instant douté de mon amour, si je n'avais pas traversé les heures démentes que je viens de vivre, que je vis. — Et ton état de santé me désespère. Je tremble quand sonne le téléphone.

Je t'aime, je t'aime, je t'aime. Comprends-tu? M'entends-tu?

Écris-moi, télégraphie-moi. Dis-moi que tu crois. Pleure pour moi, qui ne sais pas pleurer, que les larmes intérieures brûlent, qui t'aime avec les feux arides des déserts.

Alain.

[P.-S. —] Oh, pigeon doux, frais, ne laisse pas tomber tes ailes.

---

1. Pour avoir la paix à la maison, je me faisais adresser mes lettres poste restante.

2. Ces tempêtes venaient surtout de ma mère, qui redoutait beaucoup ma décision de partir définitivement. J'avais pourtant trente ans passés et le droit de vivre selon ma volonté.

3. Voir plus haut, la lettre du 1er octobre, p. 45, et la note 1, p. 52. Le retour redouté par lui ne pouvait rien changer. J'avais décidé de tout quitter pour aller vivre avec lui à Port-Cros, où la vie était si belle; nos moyens nous l'auraient permis, à l'époque.

**THANK YOU FOR LETTERS AM
ALWAYS WITH YOU KEEP SMILING
BE BRAVE LOVE**
[ALAIN]

Jeudi. Midi.
[8 décembre 1932]

Lucienne,

Je viens de lire tes deux lettres, datées de lundi et mardi. Et je vois que tu es rassérénée. Après tout, tu as peut-être raison. Mais je me méfie un peu de ton calme, qui est acceptation. Nous sommes des êtres de tempête. Tous les deux. Là était le danger, le poison. Les mêmes rafales nous collent l'un à l'autre, nous broient et nous mélangent. Les accalmies nous éloignent étrangement.

Ce masochisme que tu me prêtes n'est en réalité que l'expression élémentaire d'un défi, d'un blasphème ou d'une révolte. Et tant que je serai vivant... Mais nous plongeons aux forces secrètes. Et c'est bien inutile. Il y a devant nous les faits, les réalités, la vie quotidienne. Et c'est ici où je ne comprends plus bien, je veux dire, où tu m'échappes. Tu devrais me dire où tu en es. «On» a accepté «l'amitié», puis «on» a fait des scènes, puis il m'apparaît que la vie continue tant bien que mal, puis ce voyage au Canada, puis... Tout

135

cela est terriblement illogique. «L'amitié» ne peut exister s'il y a désir contrarié d'une part. Par ailleurs, il y a la vie «matérielle»[1]. Mais si celle-ci n'est plus assurée, ou… Mon Dieu, comprends-moi! Et tâche de m'expliquer. Et ne crains pas de me faire mal. Dis-moi, parle. Tu ne dois pourtant pas perdre à ce point le sens de ta propre liberté. Si les raisons pour lesquelles tu t'enchaînais n'existent plus, pourquoi tout cela, pourquoi? Qu'espères-tu? Qu'attends-tu?

Je viens de recevoir des lettres du Canada, qui ne sont pas très heureuses. L'ombre s'avance sur le monde. Cette terre s'obscurcit. Nos misérables tempêtes intérieures seront bientôt noyées dans un formidable tourbillon. Nos rires et nos pleurs ne perceront pas le tumulte. Nous redeviendrons ce que nous sommes en réalité, de petites choses obscures et sans consistance. Nous avons joué à la grenouille-boeuf.

Je t'embrasse si ta bouche est telle qu'il y a un mois[2]. À moi. Mes lèvres, depuis *le IV septembre*, n'ont été qu'à toi.

Alain.

1. Cette vie «matérielle» m'était assurée par ma mère, chez qui j'ai toujours vécu durant mon long séjour en France. D. m'invitait sans cesse à dîner en ville ou à partager ses voyages d'affaires.

2. Ces soupçons me peinaient profondément. Je ne méritais pas tant de méfiance, au moment même où je m'organisais pour retourner à l'Île, auprès de lui.

137

Vendredi. Midi.
[9 décembre 1932]

Lucienne,

Aujourd'hui, le courrier ne m'apporte de toi qu'une «Bible»[1]. J'aurais préféré une lettre. Le capitaine ne vient pas demain, dimanche la poste est fermée, de sorte que je devrai attendre à lundi. Jusque là, mes inquiétudes joueront, grandiront... C'est ce que l'on appelle les joies de l'amour.

Au fait, je dois te remercier des différents envois que tu m'as adressés[2]. J'ai reçu les cigarettes, les chocolats, et le livre saint. Pardonne-moi de ne pas t'en avoir parlé plus tôt.

J'ai reçu aussi une lettre de Y.[3] Elle me dit être très déprimée, demande conseil, veut me voir. Sa lettre est adressés à la L.C. Si je réponds, elle saura que je suis à Port-Cros, et désirera peut-être venir. D'autre part, il me paraît difficile d'observer le silence intégral. Elle ne m'a jamais fait de mal. Enfin, qu'en penses-tu?

Il pleut encore. Ça fait penser à une chambre close, à l'amour. Je chasse les images trop vives. Mais les images me poursuivent, insistent. Et je vois ton corps immobile, tes yeux fermés. Pourquoi n'es-tu pas là, derrière moi, près du mur? Qu'avons-nous fait à la vie, qu'avons-nous fait au destin pour qu'ils nous traitent aussi cruellement. Es-tu au moins demeurée la même?

Alain.

P.-S. — Je viens de retrouver un bout de lettre de ton amie Y.

---

1. Voir plus haut, la lettre du 24 novembre, p. 112, et p. 113, note 5.

2. Dans l'Île, aucun magasin: c'est pourquoi je lui adressais souvent des friandises.

3. Il s'agit ici d'une aventurière qui ne cessa de poursuivre Alain en Europe. L'initiale Y. ne donne aucun indice de son nom, que je tairai, ne sachant si elle vit encore. On me l'avait présentée à Paris (bien avant «notre rencontre» du 4 septembre à Cannes). Elle essaya de s'imposer à moi en jouant son jeu habituel, la détresse, la dépression. Mais je ne fus pas dupe de ses ruses et cessai de la voir. J'avais mis Alain en garde contre ses manigances, ses intrigues, surtout vis-à-vis des hommes. Mais Alain était d'une crédulité désarmante devant une concitoyenne de sa propre ville...

Soir. Samedi.
[10 décembre 1932]

Lucienne,

Il y a trop longtemps que je ne me
suis pas penché sur toi, que je n'ai pas
oublié tout ce qui nous entoure et tout
ce qui nous sépare, que je ne t'ai pas
rejointe seulement avec mon coeur et
mes yeux, il y a trop longtemps que je
ne t'ai pas dit que je t'aimais, il y a trop
longtemps que je ne t'ai pas dit que je
t'aime, à voix basse, avec le dépouille-
ment nécessaire et l'ombre voulue.

Nous avons fait depuis longtemps
deux personnages distincts, nous
n'avons assemblé que nos malheurs,
nous nous sommes éloignés l'un de
l'autre pour pleurer, nous avons chicané
sur la gravité de nos pleurs, nous nous
sommes égarés dans le passé et dans
l'avenir[1], et nous ne nous sommes
retrouvés que pour douter de la sincérité
de nos détresses respectives.

Je veux te dire ce soir — mais peut-
être as-tu remarqué que je ne t'écris plus
le soir — que je *t'aime*, que je t'aime, tu
m'entends, et que mes yeux se mouil-
lent de la plus pure[2] tendresse en te le

140

disant, que nul désir charnel ne m'habite ni ne me soulève, que je t'aime simplement pour ton repos et pour mon repos, que je t'aime pour le besoin qui me vient de toi, d'un coin de ton épaule et d'un léger sourire de ta lèvre, pour le besoin du rêve très fou sans doute qui nous réunirait et qui jamais sans doute ne se réalisera.

Voici ce mot insignifiant et puéril qui n'arrangera rien, qui continuera de nous laisser à mille kilomètres[3] l'un de l'autre, qui ne t'empêchera pas de respirer l'air de Paris et moi celui de Port-Cros, mais que je veux t'envoyer ce soir parce que je te sens malheureuse et que je suis malheureux, parce que je veux te voir ce soir comme je t'ai aimée et comme je t'aime. Oublie tout ce qui t'entoure, lis-moi très lentement, ferme un peu les yeux, aime-moi un peu. Et cours embrasser tes lèvres dans la glace pour moi.

Alain.

---

1. Il se complaisait à chercher dans le passé des raisons de souffrir, tandis que moi, je nourrissais l'espoir insensé de la permanence dans l'avenir.

2. Alain était un être pur. Il l'affirme dans son poème «Ah toutes ces rues...» (*Les Îles de la nuit*, dans *Poèmes*, p. 67) Nous étions semblables sur ce point. Notre entente était parfaite.

3. Ces kilomètres, nous séparant quatre fois en un an, eurent un effet désastreux. Ceux qui s'aiment ne devraient jamais accepter de se quitter pour longtemps. L'absence ne saurait nourrir les sentiments, fussent-ils aussi profonds que ceux qui nous animaient.

Dimanche. Midi.
[11 décembre 1932]

Lucienne,

Écoute-moi, mon tout petit, il ne faut pas faire cela. Il ne faut pas voir ces femmes. Vois un bon médecin, le meilleur. Il te dira ce qu'il faut faire. Prends tes «économies». Quand je pourrai, plus tard, je te rembourserai. Je ne t'ai pas parlé de cela avant aujourd'hui parce que je croyais que tu t'affolais inutilement. Ne sois pas imprudente. Les accidents les plus graves peuvent en résulter. Il ne faut pas que l'on te mutile. Il te faut demeurer *une femme*.

Je n'ai jamais souhaité autant qu'à cette minute d'être auprès de toi, et je n'ai jamais déploré plus cruellement l'impuissance qui résulte des circonstances. Tout cela pourrait être si beau, si joyeux, si doux. Si doux. Tu comprends! Si riche, et si doux.

Écris-moi. Tu me négliges[1]. Tu ne réponds pas à mes questions. Je ne sais plus rien. Et n'esssaie-t-on pas de spéculer sur ta faiblesse? La pitié est la meil-

leure arme des faibles. La plus dangereuse.

Alain.

---

1. Je lui écrivais tous les jours; rien d'autre ne m'intéressait qu'attendre le courrier ou aller à la poste restante. Mais Alain était toujours aux abois lorsque la poste était en retard et, les jours de grande tempête, il arrivait souvent que le capitaine ne puisse quitter l'île ou y revenir. Je recevais alors des appels téléphoniques. ce qui créait des complications familiales.

Mardi midi.
[13 décembre 1932]

Lucienne,

Je reçois tes lettres de vendredi et samedi. Et tu m'annonces ce que je redoutais, ce contre quoi nous ne pouvons rien. Ton prochain départ[1]. Je savais que la vie nous serait difficile, qu'il aurait fallu, un jour... Mais au moins j'espérais qu'un peu de répit nous serait accordé, donné, que nous aurions pu nous rejoindre, nous joindre, avant la grande étape[2]. Je ne crois pas pouvoir regagner Paris avant le 15 ou le 20 janvier. D'ici ce temps, si mon état de santé[3] ne s'aggrave pas, je crois que j'aurai terminé ce que j'ai commencé de faire. Mais ce travail n'est pas la raison première qui me retient ici. Avec un peu de volonté, je pourrais à la rigueur le terminer à Paris. Il y a surtout la question matérielle. Je n'ai pas de nouvelles du Canada. Cet arrangement peut retarder indéfiniment, ne pas se conclure. Je «n'en» ai plus que pour deux mois[4], alors...

Mais je ne veux pas trop réfléchir à tout cela. Cela n'aide en rien. Il se peut que tout s'arrange comme je l'avais prévu. Et j'avais espoir qu'avant mon départ pour l'Orient, nous aurions pu, quelques semaines ou quelques mois, essayer d'oublier, puiser de nouvelles forces, être heureux. Tu pars. Tu dois le faire. Mais encore un pauvre rêve, un humble rêve, qui s'échappe.

Mais à quoi bon regretter. Je serai peut-être obligé aussi de partir pour le Canada avant toi. De quelque côté que l'on se tourne, la voie est obscure, chargée d'ombre, murée. — J'ai l'impression que nous gaspillons de l'amour, que nous aimons à vide, que nous jetons nos forces au néant.

Je suis dépouillé.

Je préfère ne pas te revoir, si nous ne pouvons pas nous voir avec, devant nous, assez de temps pour pouvoir parfois imaginer que ce pauvre temps[5] ne finira jamais. La dernière expérience[6] a été trop cruelle. Je t'aime, mon pigeon. Je t'aime, Lucienne.

Alain.

1. Un médecin montréalais m'avait envoyé un télégramme pour m'annoncer la grave maladie de mon père et me conseiller de revenir au Canada afin de le soigner.

2. Son départ pour la Chine, projeté pour l'automne 1933. Ce voyage, auquel il ne voulait pas renoncer, m'inspirait de vives inquiétudes. Je le trouvais imprudent d'entreprendre cette aventure avec une santé précaire et des ressources insuffisantes. Et puis, deux ans, cela semblait bien long...

3. Son état de santé l'inquiétait beaucoup: il était très maigre et se croyait toujours cardiaque.

4. Ce fut toujours la question matérielle entre nous, car il refusait toute aide de moi.

5. Ce pauvre temps nous fut accordé, mais bien morcelé (voir plus haut, p. 17).

6. Notre séparation à Toulon, en novembre 1932.

Mercredi soir.
[14 décembre 1932]

Lucienne,

Encore un soir de tempête. À chaque instant, on attend que tout s'écroule, s'effondre. Il y aura demain une mer unie. Mais si tu étais là, près de moi, ce soir même serait plein de calme et de joie. Plein d'amour. Je mettrais mes bras autour de tes épaules, tu serais nue, tes jambes s'ouvriraient, et je m'enfoncerais en toi, je m'abîmerais en toi, doucement, lentement, et le cri muet des poèmes, le cri de nos chairs couvrirait tout le fracas de la tempête. Et tout au monde ne pourrait rien contre nous. Nous serions des dieux.

Et pendant que tu es là-bas, je suis ici. Rien ne te protège et rien ne me protège. Tout peut tout contre nous. Il n'y a que du danger et du vide. Chaque instant nous vieillit, nous détruit, nous ronge. Jusqu'aux os. — Je me sens parfois si las, qu'il me semble que jamais je ne sortirai plus d'ici.

Mais pourquoi t'es-tu fait aimer de moi. Tu en avais tant d'autres[1]. Et tu en avais tant d'autres à aimer. Tu savais pourtant que nous ne pourrions que

147

souffrir l'un par l'autre. Je te l'avais dit. Tu as peut-être souri alors. Mais pourquoi sourire quand les paroles sont vraies. — Et pourquoi ces mots de ce soir, puisque le mal est fait. On ne sait plus rien.

Alain.

---

1. Ceci est faux. Ici Alain déraisonne puisqu'il savait que j'avais passé l'été à Cannes absolument seule, et que je ne sortais qu'avec le groupe Pathé-Nathan avec lequel j'avais fait de la «figuration de luxe» dans un film tourné à Joinville. Lorsqu'il entra dans ma chambre du Carlton, il put constater que personne n'y était jamais venu avant lui. Les calomnies ne s'oublient pas tout à fait, et ces conquêtes que l'on m'avait prêtées étaient inexistantes, mais Alain continuait à se torturer le coeur, ne sachant comment se débarrasser du doute que G. avait réussi à implanter dans son esprit.

Jeudi midi.
[15 décembre 1932]

Lucienne,

Mon petit, tu comprends bien que malgré ton télégramme je n'ai pu m'empêcher de lire ta lettre. C'était en somme quelque chose de toi. J'ai dû bien mal m'expliquer ce jour-là. Je n'ai pas songé un instant à la possibilité de «son»[1] arrivée ici. C'est pourquoi je te faisais part de cette lettre. Je cherchais un moyen d'y répondre, et de ne pas laisser savoir où j'étais. J'ai pensé, avant toi, à faire adresser une lettre de Paris. (De passage entre deux trains, etc.) Mais j'ai eu un peu peur pour toi, tu aurais pu entendre dire que j'étais à Paris, tu aurais trouvé cela bizarre... Tu ne l'aurais pas cru à la réflexion, mais il en serait resté quelque chose. D'autre part, j'avais songé à D.[2] pour remplir cet office. Mais je ne l'ai pas voulu, il aurait cru tremper dans quelque cachotterie, il aurait été mal à l'aise peut-être vis-à-vis de toi. Et je ne pouvais tout de même pas lui adresser, sous enveloppe, la lettre ouverte. De sorte que je t'ai tout raconté.

Il ne faut d'ailleurs pas ajouter trop d'importance à une chose qui n'en a guère.

Ce qui me blesse un peu, c'est que tu aies cru un moment que cela *pouvait* se faire. Par ailleurs, je ne suis pas assez naïf pour n'avoir pas envisagé aussi le degré de ruse ou de curiosité qui «l'a» peut-être incitée à écrire cette lettre. Si on a parlé de nous, de ton voyage mystérieux, elle aurait pu vouloir se rendre compte, tâcher de savoir. Je dis cela tout à fait gratuitement, mais il n'est pas besoin de connaître beaucoup les femmes pour savoir à quoi s'en tenir sur leurs capacités de jeux et d'intrigues.

D'ailleurs, ta lettre dans un sens m'a fait plaisir. Car si tu t'y montres très injuste et un peu folle, tu t'y montres aussi intelligente. Et c'est une qualité que les femmes vraiment «femme» — les seules qui comptent — ne possèdent guère.

Dois-je te dire que je n'ai pas encore répondu à Y.? Et ne crois-tu pas qu'il soit maintenant un peu tard?

Je t'en prie, parle-moi de toi, de ton état. Je n'ai plus de repos. Et si tu crois

que je doive regagner Paris, dis-le moi.
Tu sais bien que tu es ce qui *m'importe*.

Alain.

P.-S. — Veux-tu toujours que je t'envoie un
poème à traduire? Je ne l'ai pas fait parce
que je croyais que tu n'aurais pas le
temps, que cela t'ennuierait[3].

---

1. Il s'agit de Y., dont il a été question précédemment (voir la
lettre du 9 décembre, p. 138).

2. S'adresser à D. eût été une grave erreur puisqu'il était l'ami,
le protégé de ma mère; il n'aurait eu sans doute rien de plus pressé
que de la mettre au courant.

3. Alain et moi parlions souvent l'anglais ensemble. Ainsi se
rendit-il compte de ma facilité pour cette langue, qu'il aimait
beaucoup. Il m'avait à plusieurs reprises demandé de lui traduire
ses poèmes. Cela ne se fit pas, malheureusement, car lors de mon
troisième départ, je les oubliai à son appartement de la rue Racine
(voir ci-dessus, p. 8).

Samedi.
[17 décembre 1932]

Lucienne,

J'ai reçu tes télégrammes, tes lettres de mardi et mercredi[1]. Je suis heureux de te sentir enfin moins triste. J'ai passé ces derniers jours au lit, grippé, malade. Je me lève aujourd'hui. J'ai trouvé le moyen de maigrir encore. Je deviens affreux.

Ne m'en veux pas si je ne t'écris pas très longuement. Je me reprendrai plus tard. Je ne sais plus beaucoup comment assembler mes idées. (Je n'en ai d'ailleurs pas.) Je suis très affaibli. Mais je me sens délicieusement bien. Je ferme les yeux, je respire.

Je t'écrirai ce soir ou demain. Ne t'inquiète pas des retards. Le capitaine est brouillé avec tout le monde, et il ne vient plus même tous les deux jours. Il s'en fout. (On m'a dit qu'il était millionnaire.)

Tes lettres prennent plus de temps à me parvenir que les miennes. Elles doivent séjourner aux Salins un jour ou deux. C'est irritant.

Je t'embrasse, mon pigeon.

Alain.

---

1. Très inquiète de son silence, j'essayais de le rejoindre par tous les moyens. Le téléphone ne marchait pas, impossible d'avoir la ligne. Je le devinais malade, fiévreux, et je regrettais de ne pouvoir le soigner. D'où, force lettres et dépêches.

Dimanche.
[18 décembre 1932]

Lucienne,

Je suis on ne peut plus heureux que certaines de tes inquiétudes soient disparues. Pour toi. Mais je te dirai un jour quelle effroyable et hallucinante image certains de tes mots ont suscitée chez moi. Tu ne t'en es pas rendu compte. Ton naturel est parfois étonnant.

Mon pigeon, tu es très émotive. Aussi, un peu naïve. Je vois ta bonne femme, et ton histoire de Chine comme ceci: «on» est allé chez le Col. la veille du dîner. On a parlé. On s'est plaint. Ce petit voyou, qui va en «Chine», l'autre qui devient bigote, qui parle de missions, etc. Et une idée, tout à coup. Et c'est le truc classique de la dame complaisante et amie qui prophétise, les yeux dans les yeux, sur un ton biblique[1]. Et puis l'Orient, la mort. Ça produit toujours son petit effet. Mais il y a la protection des proches, qui a toujours empêché les grosses sottises, et qui par conséquent (sous-entendu) pourra toujours les empêcher, etc., pour peu qu'on veuille être docile, et suivre les

154

bons conseils et les airs désintéressés, etc. (toujours sous-entendu).

Et tout ça te bouleverse, mon pigeon!

Mais je vais te dire le contraire. Tes *surroundings*, en réalité — et le cas échéant, je le dirais volontiers à Madame-Mère en toutes lettres — ont gâché au possible, par négligence, imprévoyance, ou faiblesse, tes meilleurs chances de bonheur. Tu es responsable de tes erreurs premières. Mais ces erreurs étant faites, on n'avait pas le droit de t'engager, par une acceptation et même un encouragement tacites (!), à les prolonger, les reconnaître, les «légaliser» en quelque sorte. Oh, je sais combien tu est têtue, indépendante. Mais une pression énergique, longue, amicale et généreuse aurait eu raison de ta mauvaise tête (bon coeur). Je le sais, et c'est pour cela que je ne peux, ni ne pourrai jamais aimer ni ta mère, ni aucun de tes amis, ceux que tu comptes parmi les meilleurs. Tu te trouves aujourd'hui devant rien[2], à la merci, pour vivre, d'un homme nul, qui ne t'a rien assuré, que le hasard d'un caprice peut séparer de toi demain, après onze années de liaison. «Presqu'un mariage», dis-tu! Et c'est toi, qui me reproches de fuir devant les réalités, qui me dis cela!

155

Mais vois donc qu'on t'a jouée magnifiquement. Tu entends, magnifiquement et bassement. Depuis onze ans, aux yeux de tous, tu es «l'amie» de M.S.... Il t'a affichée partout. Et jamais il n'a osé t'assurer la plus normale indépendance[3]. Il t'a fait vivre au jour le jour. Au mois. Comme on paie l'appartement, le garage. Et tu trouves encore, tu trouves encore le courage de le plaindre. Tu le vois, tu l'accueilles[4]. Et rien ne change, et rien ne vient, que des gémissements, des menaces, et des promesses! Mais es-tu folle? Et ta jeunesse à toi, et ton avenir à toi, *ta vie*.

Your surroundings have prevented you from doing things which would have been catastrophic for you...[5]

Très bien, la dame.

Je m'emporte. Je m'en excuse. Je t'aime, et tout cela m'indigne. Toute cette mollesse, cet aveuglement, cet égoïsme, ces prises de «responsabilités» par quoi on a usé et abusé de toi. Tu vaux cent fois tous ces gens. Mais tu les subis, et tu te plies à eux. Quand tu te montres faible, tu te crois bonne.

On a tout fait contre toi.

Mets-toi ça dans la tête. On a pu t'aimer, oui. On t'aime, soit. Mais pense deux minutes à ce que cet amour a pu te causer de torts, à ce qu'il pourra encore t'en apporter, et à ce qu'*il t'a donné.* Et tu sauras me dire si une petite dactylo, qui travaille à soixante dollars dans un bureau, n'a pas été plus heureuse. Et pour demain, sa réputation est intacte.

Alain.

[P.-S. —] C'est une lettre rude[6]. Si je ne t'aimais pas, je ne t'écrirais pas ainsi. Tu peux m'envoyer au diable si tu veux. Je ne peux m'empêcher de te dire ce que je t'écris. Et si j'étais avec toi, dans ta chambre, je me promènerais de long en large, et mes termes seraient plus sévères. Je t'embrasse, sale gosse.
A.

---

1. Toute cette fureur parce que j'étais allée chez une voyante avec mon amie Lucienne, qui n'était pas au courant de l'orientation nouvelle de ma vie. Tout ce qu'il écrit est le fruit de son imagination débordante et de son penchant à fabuler. Certains passages me demeurèrent incompréhensibles. Mais il relevait d'une forte fièvre et avait dû avoir recours à un «remontant».

2. Ici, je dois admettre qu'Alain avait raison. Cependant il oublie que je vivais chez ma mère, qui avait les moyens de me garder auprès d'elle et qui s'était tout particulièrement attachée à moi depuis la mort tragique de ma soeur. De plus, elle s'entendait très bien avec le «on» dont parle Alain.

3. Comment ne pas s'étonner d'une telle virulence de la part d'un homme qui, à trente-deux ans, n'avait jamais voulu s'astreindre à un travail quelconque pour se rendre libre? Son injustice m'avait blessée lorsque je reçus cette lettre.

4. Comment pouvais-je, habitant chez ma mère, lui interdire de recevoir quelqu'un avec qui elle s'entendait si bien?

5.   Dans une de mes lettres, j'avais rapporté les propos d'une Anglaise, amie de ma mère.

6.   Alain était bourré de préjugés, d'idées préconçues. Surtout pour les autres... Je ne sais si sa jalousie — non fondée — le rendait aveugle et sourd, mais l'âpreté de ses reproches me fit grand mal. J'avais connu un homme doux et tendre à souhait, mais, lorsque nous étions séparés, un démon s'emparait de lui, avivait ses rancoeurs, abolissait sa raison. Alain regretta cette lettre et ne cessa de me demander pardon lorsque nous nous retrouvâmes le mois suivant à Paris.

158

Lucienne,

Ne t'inquiète pas. Je suis tout à fait remis maintenant. Ces jours de maladies m'ont fait du bien en un sens, ont changé le cours de mes pensées. Il me fallait de nouvelles forces.

Je ne veux plus, moi aussi, ne songer à rien qu'à l'immédiat. Celui-ci est assez lourd par lui-même.

Il me prend parfois des désirs brusques de rentrer à Paris. Si je m'écoutais deux minutes, je ferais mes bagages. J'ai envie de m'écouter. Qu'en penses-tu?

Aujourd'hui, il pleut. J'ai épuisé l'Île. Elle n'a plus rien à me donner.

Mais Paris! Les petits restaurants, l'économie, la vie médiocre, la gêne. — Et toi? Comment nous verrions-nous[1]? Et crois-tu que nous pourrions nous satisfaire du système cinq à sept. Après avoir été si libres, si l'un à l'autre, si amants véritables?

Peut-être est-il préférable que je reste ici, pour toi et pour moi. Je t'embrasse de tout mon coeur.

Alain.

Mardi soir.
[20 décembre 1932]

Lucienne,

Je viens de me pencher sur mon balcon[1]. La nuit est noire comme un four. Une seule lumière rose au fond de la baie. Et ton visage soudain m'est apparu. Comme une étoile. Mais ne brillais-tu que pour moi?

Je dois aller cette semaine à Toulon. Je reviendrai ici dès le lendemain. Et j'y passerai la Noël. Tout cela sera bien triste. À Toulon, je ne fumerai pas. J'irai à cet hôtel[2] que tu connais, où l'on entend siffler les trains. Je n'y suis pas retourné depuis ton départ. J'ai laissé pousser ma barbe[3]. Tu ne me reconnaîtrais pas. Je n'ai plus d'âge.

Et toi, que feras-tu? N'es-tu pas lasse d'attendre? Ne t'irrites-tu pas?

Les nuits tournent en cercle autour de moi, promenant ton image, et les images de ton image. Ma chair se gonfle, tend vers toi sa chaude dureté, cherche en vain son apaisement. Et pourtant tes mains, tes lèvres, tes cuisses, cela existe, cela vit, cela est.

Et c'est comme si rien n'existait.

Alain.

1. Ce balcon de notre chambre, d'où nous avons si souvent regardé le jour s'enliser dans la mer, aux couleurs crépusculaires de mauve et d'or et vu la nuit lunaire s'éclairer de mille diamants stellaires...
2. Le Grand Hôtel de la Place.
3. Alain avait rasé sa barbe avant de revenir à Paris.

Vendredi midi.
[23 décembre 1932]

Lucienne,

Tes lettres de lundi et mardi me parviennent. Je les attendais pour prendre une décision. La décision est prise. Je reste.

Cela te donne raison. Je suis probablement trop «canadien» pour comprendre ou accepter certaines choses. Je sais qu'il t'est impossible d'agir autrement. Je ne te blâme pas. Je ne t'en veux pas. Je sais aussi les risques que mon abstention peut me faire courir. Je sais tout cela. Mais je sais aussi que ces choses, que je devrais accepter, me seraient intolérables. Et pour équilibrer la situation, je ne pourrais m'empêcher de te rendre la pareille. Je verrais, moi aussi, des amies. «En tout bien, tout honneur.» Et alors...

Et puis ces rencontres furtives, ces cachotteries, ces tromperies, *non*. Ça peut être amusant pour un moment, et quand on n'aime pas. Autrement, ça devient assez vite ignoble. Nous avons encore de beaux souvenirs, gardons-les, ne les pourrissons pas. Rien ne peut nous enlever ce qui nous a été donné. Mais nous pouvons tout détruire nous-mêmes.

Cette nuit de Noël eût pu être autre. Je m'empêche de l'imaginer comme je l'aurais rêvée. Il faut croire que nous n'en étions dignes ni l'un ni l'autre. Je la passerai seul, sans illusion et sans joie. — Je n'ai pas été à Toulon comme je me l'étais proposé. Je suis complètement remis de mon indisposition, mais il me faut reprendre des forces. Surtout, que D. ne dise ni à B. ni à personne que je suis à Port-Cros. Je ne tiens à voir *personne*.

Je t'embrasse comme je t'aime, avec tout le bonheur que tu as su déjà me donner.

Alain.

[Télégramme expédié de Port-Cros,
le 24 décembre 1932]

**MERRY XMAS KISSES LOVE
[ALAIN]**

Lundi.
[26 décembre 1932]

Lucienne,

Ton télégramme m'a peiné. Cette cruauté que tu me reproches existe peut-être chez moi, mais où sont les autres moyens de défense? Contre soi-même! Il faudrait que tu saches que ma propre dureté me blesse le premier.

Je serai à Paris cette semaine. Je te téléphonerai à mon arrivée. C'est ta lettre de jeudi qui a changé mes décisions. Je sais que je ne devrais pas quitter Port-Cros pour mon travail et pour ma santé. Et peut-être aussi pour nous. Mais tu me le demandes avec «notre»[1] amour. Et je t'aime.

Retiens-moi la dernière soirée de cette vieille année, et la naissance de l'autre[2].

Alain.

P.-S. — C'est ma dernière lettre de Port-Cros. Port-Cros nous a été bon. Je le quitte un peu comme je te quitterais. Je me méfie de Paris, des êtres qui l'habitent, de moi. Sauras-tu ménager ce qui pourrait nous désunir, et le saurais-je moi-même?
A.

166

1. Sur notre amour pesa toujours cette peur d'être désunis par les «autres».
2. Nous passâmes ensemble la Saint-Sylvestre, le Premier de l'An 1933. Cela me valut de sévères reproches de ma mère...

167

**VOUS TÉLÉPHONERAI DEMAIN
MERCREDI 6H. DE PARIS AMITIÉS
[ALAIN]**

Paris,
janvier à août 1933

Lucienne,

Nous ne pouvons rien contre rien. Je ne crois pas aux symboles. Mais nous n'avons pas de «veine». D'ailleurs, autrement, et les circonstances nous ayant favorisés, notre bonheur eût été trop insolent. La vie rejette les dieux.

Écris-moi et dis-moi si tu vas mieux[1]. Donne-moi des précisions. Pour ma part, cela paraît s'arranger. J'ai fait hier, à un moment, plus de 39. Ce matin, 36. Trop, et trop peu. La fièvre elle-même ne me traite pas en homme sérieux.

Je n'aime pas le chiffre de ton nouveau papier à lettre. Mais je t'aime, je t'aime. Et je t'embrasse sur la bouche.

A.

---

1. Nous étions tous deux très grippés et devions garder le lit, moi chez ma mère, lui dans sa garçonnière de la rue Racine, et mon prochain départ nous désespérait.

Je veux espérer quand même que tu seras là² quand je rentrerai³. Je ne ressentais pas de l'ennui, hier, mais je commençais à souffrir de cette sourde irritation que la pensée de ton départ soulève en moi, et qui a empoisonné nos derniers jours de Port-Cros. Il ne faut pas que tu doutes de mon amour. Cet agacement même en est une des tristes manifestations.

A.

---

1. Petit mot trouvé dans l'appartement de la rue Racine.
2. Lorsque nous fûmes tous deux grippés, je crus plus sage de nous séparer. Deux nuits seulement, car les jours nous étaient comptés avant mon troisième et tragique départ. En rentrant chez lui, ce 16 janvier, je trouvai ce petit message pour m'aider à patienter.
3. Voir «Le Verre», dans Marie Normand, *Depuis longtemps déjà,* p. 78.

[Télégramme expédié de Paris,
le 20 janvier 1933]

MEILLEUR VOYAGE VOUS
ACCOMPAGNE AMOUR
ALAIN

Samedi.
21 janv.

Lucienne,

À l'heure où je t'écris nous étions, il y a une semaine, à vagabonder à travers les Halles. Et à la même heure, hier, je t'attendais. Je t'ai attendue toute la nuit. Je désirais ta présence comme je n'avais jamais rien désiré. Et tu serais venue, ne fût-ce que pour un moment, si tu avais compris la force de mon désir. Quand tu liras ces lignes, tu comprendras peut-être. Mais tu seras loin. Et je suis dans une cage de fer. Mais qu'importe maintenant l'importance de cette parcelle du temps[1] où ta clef aurait grincé dans la serrure. J'ai épuisé l'amertume des détails. Une chose est réelle: l'épouvante de ton absence.

Et les remords m'assaillent. J'ai trop oublié mon propre amour pour penser à toi. Et mes inquiétudes à ton sujet ne t'apportaient rien que de l'irritation et du doute. J'aurais dû t'envelopper de douceur, t'engourdir de tendresse, vivre les choses comme elles doivent être vécues, dans un abandon parfait, et avec un total égoïsme. Ainsi tu aurais cru à mon amour. Et tu m'aurais aimé davantage.

Tu es en ce moment en pleine mer. Chaque seconde te vole à moi. Le temps, l'espace nous trahissent. Je suis en pleine nuit. J'ai perdu ton visage. Il faudra quoi, quels événements, quels malheurs sournois[2], quelles nouvelles détresses avant que je puisse le retrouver? La nuit m'isole comme t'isole la mer. Attendre quoi, quoi?

Alain.

---

1. Cette «parcelle de temps», on la retrouve dans un de ses plus beaux poèmes: «Les Mains tendues» dans *Poèmes*, p. 247.
2. La dépression d'Alain après mon départ lui fut préjudiciable. Ainsi reprit-il l'habitude de fréquenter les cafés, où il cédait à son «penchant» d'oubli...

Dimanche.
[29 janvier 1933]

Lucienne,

Je t'ai trop donné. J'ai trop misé sur toi. J'ai joué ce que je n'avais jamais joué: ma solitude, mes murs. Mais tu m'apportais davantage. Avec toi, l'inutilité de toutes choses s'effaçait. Je finissais par croire, espérer. Tu colorais l'ombre. Tu me donnais confiance en moi-même. N'est-ce pas le don le plus précieux qu'un être peut faire à un autre être? Et tu es partie. Et quelle épaule pour faire oublier la tienne?

Je pense à ce que tu as été pour moi, à ce que tu exprimais, à ce que tu me valais. Ton départ me laisse dans un vide affreux.

Comme je te manque, mon petit, comme je te manque. La nuit, je reste là, des heures, sur le divan, à t'attendre[1]. Je veux croire aux miracles.

Je sais les embûches que te tendront ton désir de te rapprocher des êtres, ta naïveté, ta pitié, ton dépaysement, ta chair[2]. Je sais tout cela. Peut-être succomberas-tu? Mais je veux que tu saches que rien ne pourra m'enlever le souvenir de ce qui fut entre nous, de ce qui est. Je ne serai jamais, quoi qu'il arrive, ton ennemi.

Jamais je n'ai été aussi près d'un être. Jamais la fusion ne s'est faite, de moi à un autre, de façon aussi totale. Tu es mêlée à moi. Tu es liée à moi comme la chair au muscle. Et je suis infirme. Pour jusqu'à quand?

Alain.

[P.-S.—] Je t'embrasse comme si tu étais ce que mon angoisse veut malgré tout espérer, comme si tu souffrais comme je souffre[3].

---

1. Dans le petit appartement de la rue Racine.
2. La méfiance d'Alain l'empêchait de croire à la sincérité des êtres, à l'authenticité de leurs sentiments. J'ai vraiment souffert de cela.
3. Comment pouvait-il en douter, après tant de joies partagées?

Lundi.
13 février

Lucienne,

Tes deux lettres, celle du bateau et celle de Montréal, m'apportent plus d'inquiétudes que je n'aurais cru. Jamais je n'ai tant réalisé mon impuissance vis-à-vis des événements dont sont accablés les êtres que j'aime. Les mots sont bien inutiles. Il faut regarder, toucher, bercer, consoler. Nous sommes si loin. Que faire? Les encouragements, parfois, semblent presque ironiques.

Pourtant, je ne crois pas que tu doives déjà trop désespérer. Le saut que tu viens de faire est trop brusque pour qu'il ne t'atteigne pas profondément. Mais le premier choc est le plus douloureux. Et il faut aussi que tu tiennes compte du dépaysement[1] qui doit t'être affreux, de l'état — qui peut s'améliorer — dans lequel tu as trouvé ton père, et surtout de ta propre sensibilité, que tu as fort malmenée tous ces derniers temps. Et je crains que tout cela ne te trompe sur le réel visage des choses, qui n'est jamais aussi rayonnant, ni aussi sombre qu'on le veut voir.

D'ailleurs ce devoir que tu t'es imposé ne saurait te lier indéfiniment. Tu n'es pas perdue à la vie. Tu sais bien que des joies sont en réserve pour toi, t'attendent. Tu as un très mauvais moment à passer. Accepte-le. Ferme les yeux (comme tu les fermes dans le bonheur[2]). Sois patiente. Il n'y a pas un mois que tu as quitté Paris. On ne compose pas avec le problématique, l'inconnu, dans un si court espace de temps. La vie est autrement exigeante.

Mais pour le moment, ce qui importe le plus, c'est que tu ne te laisses pas abattre. Il ne le faut pas. Tu as besoin de toutes tes forces. Ne les gaspille pas en des regrets stériles, ou en de sombres appréhensions. Le passé ne nous appartient plus, et l'avenir ne nous appartient pas encore. Mais c'est le présent qui prépare celui-ci. Vis-le avec courage.

Tout ce que je te dis là est bien banal. Tout est banal quand on s'échappe du rêve. Mais il faut s'en échapper pour, le moment venu, pouvoir le recréer.

Je t'embrasse avec tout mon coeur.

Alain.

P.-S. — B. mettra cette lettre sur le *Bremen*[3]. Je
t'écrirai demain.
A.

---

1. Alain, tout comme moi, éprouvait un grand dépaysement
lorsqu'il revenait au Canada. Nous étions tous deux trop attachés à
la terre de nos ancêtres.

2. Il souriait quand je disais: «Je ressens mieux le bonheur
intérieurement en fermant les yeux.»

3. Ici Alain a brisé notre accord de garder le secret sur notre
amour, car cet homme me connaissait et a dû deviner, tirer ses
conclusions sur l'intimité des rapports entre Alain et moi. D'où
indiscrétion probable.

AM AWFULLY SORRY DONT LET
YOURSELF PULL DOWN KEEP
FAITH BE COURAGEOUS HAVE ALL
MY LOVE
ALAIN

Lucienne,

Tu es nerveuse, tu es impatiente, tu piaffes comme un jeune cheval. Quelle enfant tu fais. Pourquoi vivre ainsi? Je veux dire, pourquoi vouloir prendre ainsi la vie par les cornes, à la force du poignet. La vie ne se violente pas. Il faut ruser avec elle, l'apaiser, l'engourdir. Puis profiter tout à coup de la mauvaise bête. Car la bête est plus forte que nous.

Ta nervosité te porte à dramatiser. Tu vois tout en trop sombre. Tu imagines les pires défaites avant de livrer les batailles. Et c'est chez toi la rançon de tes qualités. (J'allais dire vertus, tu aurais ri, ou tu aurais cru que je me moque.) Tu es généreuse jusqu'à la pro-digalité, bonne jusqu'à la faiblesse, sensible jusqu'à l'égarement, ardente jus-qu'au délire. Tu vis sur un diapason toujours trop élevé. Tu voles ou tu plonges. Cette intensité, cette avidité, dans le bonheur, sont magnifiques. Mais tu ne veux pas accepter le quoti-dien[1], qui est grisaille, attente, monotonie. Et tu transformes le quotidien en bon désespoir solide.

Je sais bien que tes plaintes sont justifiées. Tu es dans une mauvaise impasse. Je souffre avec toi de ton impuissance à trouver le joint, l'issue. Mais tu n'as pas le droit d'abandonner déjà la partie. Les jeux ne sont pas encore «faits»[2].

Mais je souffre davantage de mon impuissance à moi. Tu me dis que je suis l'«homme». Je le sais bien, parbleu. Mais je suis comme toi, je me heurte contre le mur.

Tu es injuste à propos de mon voyage en Orient[3]. Ce projet, je ne puis le rejeter. Pourquoi me rendre mon départ plus pénible? Pourquoi te mettre, toi, que j'aime, entre *cela* et moi? Tu comprendras, si tu y réfléchis deux minutes, que mon retour au Canada[4] dans les circonstances actuelles ne pourrait améliorer en rien nos situations respectives. Il me faut aller là-bas. Je t'en ai donné les motifs, qui te paraissent insuffisants. Mais j'y suis poussé par une raison profonde, une raison d'instinct. Ce n'est peut-être, après tout, que le sens de la conservation. Je te dis qu'il faut engourdir la bête. Pourquoi frapper sans forces?

Je te fournirai tous les détails en temps voulu. J'aurai l'argent strictement nécessaire. Du moins pour m'y rendre. Après, je m'arrangerai. Mais je puis te promettre que je n'y resterai pas deux ans[5]. Il est possible aussi — du moins je le désire — que j'aille passer trois semaines au Canada[6] avant mon départ, si je le puis *matériellement*.

J'ai à peu près terminé *Jolliet*. C'est d'une énorme médiocrité. Je n'y peux rien.

Je t'embrasse chair et âme.

Alain.

---

1. En réalité, ni Alain ni moi n'acceptions le quotidien, la routine; l'imprévu et la fantaisie nous enchantaient. Et c'est peut-être là que nos deux natures se rejoignaient le mieux.

2. Comme on dit au baccara, ce jeu qui nous attirait tant tous les deux.

3. Voir plus haut, p. 146, notes 2 et 3.

4. Je l'incitais à revenir au pays, estimant qu'ici il pourrait y assurer sa sécurité matérielle, mais il ne voulut pas suivre mon conseil. La publication au Canada de ses poèmes, qui lui apporta la gloire, en fut retardée de dix ans; la publication en Chine de ses poèmes, en 1934, suivie du naufrage (auquel je n'ajoutai pas foi), n'eut pas le même retentissement.

5. Cette promesse, combien de fois me l'a-t-il faite de vive voix? Je voulais tant y croire. Et j'avais toutes les raisons de lui faire confiance, lorsqu'il m'assurait tant m'aimer...

6. Il est venu au Canada à l'automne, et je l'ai vu trois fois à Montréal (voir plus haut, p. 17).

Lucienne,

Toujours la même. Impatiente, révoltée, bondissante[1]. Pauvre, pauvre! Comme si la vie était un feu d'artifice. Comme si nous possédions la légèreté de la flamme, et sa violence, et la pureté qu'elle dégage. Ceci dit, je dois ajouter que j'ai souffert d'une très mauvaise grippe, que je suis à peine remis, que Paris est noyée sous toutes les averses du monde, et que les appartements «chauffage central»[2] devraient se vendre comme réfrigidaires (*sic*), de sorte que je suis, du matin jusqu'au soir, et du soir jusqu'au matin, d'une humeur animée des plus injustes fureurs. En outre j'ai dû, dès mon arrivée à Paris, corriger les secondes épreuves de mon maudit bouquin[3]. Les premières l'avaient été, mais très mal. Je ne blâme pas la bonne volonté de notre ami[4], mais sa distraction et sa fatigue. Il m'a fallu tout refaire.

Et maintenant... Que dois-je te dire. Je voudrais te donner un conseil, un fil directeur, quelque chose qui puisse t'aider à prendre une décision qui te rendrait justice. Mais je ne sais vraiment pas. Tu as affaire à des gens qui changent d'idées cinq ou six fois par jour. Si l'un dit oui, l'autre dit non. Le lendemain, c'est le contraire. Je ne vois qu'un moyen: attendre. Cette situation ne peut se prolonger indéfiniment[5]. D'ailleurs ta mère, qui s'effraie tant à la pensée de devoir aller habiter le Canada, s'y plairait peut-être après quelques semaines de séjour. Dans ce cas, tu serais plus libre.

Mais tu me demandes, de ta liberté, ce que tu dois faire! Tu sais bien que je ne suis pas en mesure de te donner des impératifs catégoriques. Je t'ai dit que, quoi que tu fasses, je saurai comprendre, et que le fond de ta nature, à mes yeux, n'en saurait être altéré. Je te le répète. Mais quelque décision que tu prennes, il faut que les raisons qui t'y amèneront soient mûrement pesées, réfléchies. Il ne faut pas jouer sa vie comme on joue au baccara[6].

Je veux que tu saches que je serai toujours ton meilleur ami. Si je ne suis pas mieux que cela... lorsque d'autres années encore[7] nous auront secoués davantage.

Et je t'aime.

Alain.

1. Ici, il est bien évident qu'Alain était encore souffrant et qu'il critiquait injustement mes angoisses légitimes.

2. L'appartement de la rue Racine était en réalité une garçonnière du Quartier Latin dont les propriétaires lésinaient sur le chauffage.

3. Alain n'a pas écrit ce bouquin — *Né à Québec* — avec enthousiasme. Il s'était imposé cette corvée pour plaire à sa famille et lui prouver qu'il ne perdait pas son temps à l'étranger. Comme je l'ai déjà dit, il était toujours insatisfait de sa prose, à laquelle il préférait la poésie, qu'il écrivait toujours avec joie et facilité.

4. Cet ami (pauvre et envieux) s'avéra notre «ennemi intime», jusqu'à sa mort, ici au Canada.

5. On sent que cette lettre a été écrite sous une forte tension nerveuse. L'écriture n'a pas l'élégance habituelle.

6. Pourtant, c'est là ce qu'il a fait...

7. Ces années à venir qu'il entrevoyait pour nous me consolaient de ma solitude. Cette phrase permettait tous les espoirs.

**BEST GREETINGS FOR EASTER
AND BEST LOVE
ALAIN**

BONJOUR CRUELLE OUBLIEUSE
INCRÉDULE[2] QUE J'AIME CETTE
NUIT CHEZ BRUMMEL ON JOUAIT
«THANK YOU FOR THE FLOWERS»[3]
JE TE TENAIS DANS MES BRAS J'AI
VU TES MAINS OÙ SONT-ELLES TES
MAINS?
ALAIN.

---

1. Carte-lettre, égarée mais retrouvée. Je m'en souvenais par cœur, car mes copies dactylographiées à Paris ne m'ont jamais quittée. J'avais rapporté dans mes valises, lors de l'évacuation en 1940, ces précieuses lettres de mon passé.

2. Toujours ces reproches, ce manque de confiance, ces soupçons... Alain savait que je préférais Deauville à Cannes, mais lui n'aimait pas les plages du Nord. Pourquoi y alla-t-il cette année-là, aux vacances de Pâques? Et avec qui?

3. Cette chanson était devenue la nôtre depuis Cannes, où nous allions l'entendre au café Waikiki (voir plus haut, p. 26).

[29 avril 1933]

Lucienne,

Et moi aussi, je ne sais plus t'écrire. Il
me faudrait te répéter ce que je t'ai déjà
dit mille fois. Mais tu prends pour de la
dureté ce qui n'est que fermeté. Tu
poses des conditions à l'amour. — Tu
ne m'aimes pas si tu fais ceci, cela... —
Mon amour, que l'amour vient-il faire
là-dedans!

Dois-je encore te dire que mon retour
au Canada[1] ne pourrait en rien nous
aider pour le moment. Nous pourrions
à peine nous voir[2]. Nous n'habitons pas
la même ville. Mon absence de situation
m'empêcherait d'être libre. Tu ne l'es
pas davantage. Alors? Chacun de nous
tapi chez soi, se rongeant, attendant,
guettant. Guettant quoi?

Il n'y a rien à faire aujourd'hui là-bas.
Rien[3]. Je m'en vais dans une direction
opposée. Oh, sans illusions! Je n'attends
rien de qui que ce soit, de quoi que ce
soit. Mais il y a tout de même l'inconnu. Et puisque je sais que le connu
n'a rien à me délivrer, pourquoi tourner
en rond, pourquoi se détruire sur place.

Je veux encore espérer que malgré tout, nous aurons encore de beaux jours. Je ne veux pas croire que pour nous, le règlement des dettes soit déjà venu. J'accepte de payer, mais pour une chose due. Le temps nécessaire à notre amour ne nous a pas été donné[4].

Ton image ne me quitte pas. Ni l'image de ton image. Tu es intacte en moi. Le suis-je en toi? Tu te révoltes et tu m'uses. Du moins j'en ai peur. Si cela était, tu me considérerais bientôt comme un ennemi. Et jamais, jamais le fil ne pourrait se renouer[5].

Alain.

---

1. Misant sur notre grand amour, je l'incitais sans cesse à revenir au Canada. Hélas, je ne réussissais qu'à l'impatienter, comme en témoigne cette lettre, qui me fit tant de peine.
2. Encore tributaire de sa famille, il devait vivre près d'elle à Québec.
3. Alain refusait de me croire quand je lui assurais que son avenir était ici. Et pourtant, lorsqu'il fut obligé de rentrer en 1940, des situations intéressantes lui furent offertes. Mais il ne put jamais s'astreindre au «neuf à cinq» quotidien pour gagner sa vie. Poète, il préféra la pauvreté au manque de liberté.
4. Notre amour, comme toutes les amours hors-série, était voué à une fin tragique. Et pourtant sa durée d'un an n'est pas unique. Sans chercher exemples dans le passé, ici en Amérique — en 1977 — un amour extraordinaire ne dura que sept mois et fut commenté dans toutes les presses du monde. Ainsi que je l'ai déjà écrit: *L'amour ne se mesure pas à sa durée [...]/l'amour ne se mesure qu'à son intensité*, «La Durée» dans Marie Normand, *Depuis longtemps déjà*, p. 16-17.
5. Pourtant, c'est lui qui dénoua le fil nous liant si fortement l'un à l'autre.

[Télégramme envoyé de Paris,
le 5 août 1933][1]

**AM ALL RIGHT NOW GOING
CANADA WRITE YOU THERE
KISSES
[ALAIN]**

1. Quatre mois après la dernière lettre...

Québec,
septembre 1933

[Télégramme expédié de Québec,
le 8 septembre 1933]

RETOUR MONCTON REÇU
TÉLÉGRAMME LETTRE SUIT
BAISERS NOT SIGNED
[ALAIN]

Lucienne,

Rien n'est changé. Tout est comme tout a été. Ce nuage dans quoi tu t'es crue prisonnière n'existait pas. Tu l'as imaginé, créé. Il fallait regarder plus haut.

Mon silence? Mon Dieu, rien n'était moins important. Je sentais qu'à ce moment, il était devenu nécessaire. Certaines de tes lettres m'avaient peiné. Tu m'accusais de légèreté, d'insouciance. Que pouvais-je répondre? Je ne pouvais rien pour toi, pour nous. Il fallait me taire.

Tu m'avais aussi écrit que tu préférais ne pas me voir si je venais au Canada. Moi, je voulais te voir. J'attendais le moment. J'ai dû voyager avec ma famille depuis mon retour. J'irai à Montréal dans une huitaine. Pourrons-nous recréer les adorables images[1]?

Je t'aime.

Alain.

Ta lettre me fait regretter d'être allé te voir. Tu sais que je ne te veux pas de mal. Mais, sachant que je te fais mal, pourquoi me fais-tu jouer ce rôle de bourreau. Je souffre de ma peine, et je dois souffrir encore de la tienne parce que j'en suis la cause. Mon pigeon, tu n'es pas raisonnable².

La vie nous sépare. Mais nous pouvons parfois truquer. Et cela ne nous est pas dû. C'est tout bénéfices. Pleure-t-on une joie?

J'ai appris à ne plus rien exiger, à ne plus rien espérer. Je ne compte plus sur le bonheur. Je vis dans une cave. Parfois des lumières brillent. Il ne faut pas trop ouvrir des yeux habitués à l'ombre. J'entr'ouvre mes yeux, mais à peine. Je sais que ma route se poursuit dans les ténèbres. Je la retrouve. Autrement...

J'ai peur maintenant de nous revoir. Encore se déchirer³. Comme si nous étions des ennemis.

Je t'aime.

Alain.

1. La lettre commence de façon abrupte, sans date et sans mon nom.

2. Après ces huit mois d'absence, nos rencontres à Montréal ne se firent pas dans une atmosphère favorable. L'anonymat, la froideur d'une chambre d'hôtel ne pouvaient se comparer aux lieux où nous avions vécu si librement en France: ma chambre du Carlton, celle d'Alain à Port-Cros, l'appartement de la rue Racine. Le décor n'avait aucun charme; nous en fûmes affectés au début, tous deux fort sensibles à la beauté de l'environnement. Mais rien ne pouvait arrêter l'attraction fulgurante qui nous jetait l'un vers l'autre. L'enchantement recommença et nous passâmes des fins de semaine parfaitement harmonieuses. Après son départ, je lui envoyai une lettre désespérée et, en réponse, je reçus celle-ci.

3. Mot trop dur pour qualifier nos discussions, qui portaient toujours sur son départ pour la Chine. Épuisée par mes efforts pour le convaincre de rester, j'étais à bout d'arguments. Cependant, il tenait davantage à cette aventure hasardeuse qu'à un bonheur calme, il ne pouvait vraiment pas vivre comme tout le monde. Peut-être cherchait-il, inconsciemment, des raisons de souffrir et d'oublier la vie?

Lucienne,

Il ne faut pas que tu sois triste[1]. Je veux dire qu'il ne faut pas te laisser aller à ta tristesse. La vie est trop riche pour, volontairement, en distraire une parcelle. Et la douleur ronge comme le feu.

Si mes lettres sont courtes, c'est que je veux moi-même me garder d'un affaiblissement inutile. J'ai besoin de toutes mes forces. Si je regardais trop en moi, je sombrerais encore.

Je n'ai pas de mots pour te remercier. Tout cela a été magnifique[2]. Rien ne peut agir contre ces souvenirs que tu me laisses.

Garde-moi une place tout au fond de toi.

Je t'aime.

Alain.

------

1. Alain avait trouvé moyen de revenir me voir, mais j'avais tant pleuré ce jour-là qu'il était reparti très déprimé. Pourtant, j'avais fini par me résigner à ce voyage que j'appréhendais tellement, et lui m'avait promis de revenir dans un an, au plus tard!

2. Pourquoi me remercier? Et de quoi? Pourquoi lui garder une place dans mon coeur, qu'il occupait tout entier?

Ce n'est qu'en mai 1934, lorsque je décidai de copier ses lettres — relues sans cesse — que je constatai avec effroi l'usage du *temps passé* dans cette phrase: «Tout cela *a été* magnifique.» Déjà, il faisait allusion à une fin envisagée par lui! Cette constatation contribua quelque peu à me sortir de l'enlisement où j'étouffais. Sans me guérir, cela me permit de reprendre une existence quasi normale.

On Board the Cunard R.M.S.
«Aurania».
[Pointe-au-Père,
le 30 octobre 1933]

Lucienne,

Un mot à la hâte. Nous approchons
le point du dernier courrier. Je veux que
tu saches que je t'aime, et que je comprendrai tout, quoi que tu fasses.

Je te remercie de ton télégramme.

Je t'embrasse avec tout mon coeur,
avec toute ma chair.

Je t'aime[1].

Alain.

---

1. Ce dernier mot ne contenait pourtant aucun obscur
message, ainsi pouvais-je renaître à l'espérance et croire en
l'avenir.

TABLE

Cet ouvrage composé en Futura et Bembo
a été achevé d'imprimer
sur les presses de l'Imprimerie Gagné
à Louiseville en novembre 1987
pour le compte des
Éditions de l'Hexagone

Imprimé au Québec (Canada)